KB125161

마음이 요동칠 때 되뇌는
다정한 주문

김혜령 지음

whale
books

마침내 불안은
위안을 길어 올린다

그리스 신화에 등장하는 빛의 신 아이테르는 밤의 신인 닉스와 암흑 사이에서 탄생했다. 그러니까 밝음은 심연 속의 어둠으로부터 나왔다. 이렇게 해석할 수도 있겠다. 어둠은 어둠에서 끝나지 않고 빛이 된다. 죽음으로부터 생명이 나온다. 그 단순한 사실을 곱씹다 보면 일상의 풍경들이 겹친다. 밝게 웃는 사람일수록 어깨에 묵직한 슬픔을 메고 있는 모습, 치열하게 살아가는 사람들 뒤로 엄청난 공허가 뒤따르는 모습. 그뿐인가, 통제되지 않는 욕망이 실은 엄청난 결핍과 이어져 있음을 떠올린다. 그래서 이 책은 불안에 대한 책이지만 불안으로 끝나는 책일 수 없다.

가장 큰 기쁨이었던 사람이 가장 큰 슬픔이 되었던 경험이 있는 사람은 안다. 기쁨은 슬픔과 이어져 있다. 사랑하는 친구의 상처가 너무 커 보일 때, 차마 아무 말도 해주지 못하다가 겨우 농담 한마디를 툭 던지고 마는 사람은 안다. 무거움은 가벼움과 이어져 있다. 그러니 사는 게 너무 어렵고 벅차다고 해서 멈출 필요는 없다. 계속 걷다 보면 '사는 거 별거 아닌데'라고 말하는 순간이 오고야 만다. 단지 얼마간은 어깨에 짊어진 무게를 견디며 걸어가는 수밖에 없는 것이다.

불안은 위안으로 이어져 있다. 우리 안에 있는 짙은 불안이 거기에서 끝나지 않고, 우리를 확장시키고 움직이는 원동력이 된다고 믿는다. 이 책은 그 믿음 위에 지어졌다. 그래서 독자들께 감히 당부드린다. 이 책을 서둘러 읽지 않았으면 좋겠다. 한 번에 먹어치우지 않고, 안줏거리 삼아 계속해서 식탁 위에 꺼내두었으면 좋겠다. 그렇게 시간을 들여 자신의 불안을 꺼내어 관찰하고, 이해하고, 대화할 수 있다면 충분하다.

기쁨이 기쁨에 그치지 않고 슬픔도 슬픔으로 끝나지 않는다. 불안도 그렇다. 이 책이 그 출발점이 되어주길 바란다. 마침내 불안은 위안을 길어 올릴 것이라 믿는다.

2017년 8월 김혜령

Chapter

①

자아의 불안

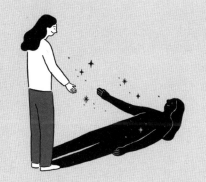

내 안에
아이가 있다

최근에 이직을 한 친구에게서 전화가 왔다. 퇴근길에 기분이 싱숭생숭하여 서점에 가려는데, 책을 추천해달라는 것이었다. 내성적인 성격의 그녀는 새 직장에 적응하느라 꽤 긴장된 시간을 보내고 있는 듯했다. 떠오르는 대로 세 권의 책을 불러주었지만 나는 그 책들이 몇 페이지 넘어가지 못하리라는 것을 안다. 사실 그녀가 바라는 것은 책 자체가 아니라 마음의 평안을 위한 작은 조치다. 이를테면 서점에서 책 한 권을 손에 꼭 쥐고 나오기, 혹은 고민이 많아지는 한밤중 침대에 반쯤 누워

책장을 뒤적거리기. 마치 아이가 자기 전에 보드라운 이불 끝을 만지작거리다 잠들 듯이 말이다.

그녀는 종종 내게 책을 추천받았고 그 책들이 책장에 늘어갔지만, "잘 읽었어?"라고 물어보면 씩 웃으면서 "읽다 말았어"라고 대답한다. 오랜 시간 알고 지냈기 때문에 이런 패턴을 추측할 수 있기도 하지만 왠지 모르게 익숙한 모습이다. 내 모습이기도 하고, 흔한 현대인의 모습이기도 하다. 우리는 마음의 안정을 찾거나 지성을 잃지 않기 위해 가끔 서점에 들러 책을 산다. 누군가는 다 읽기도 하겠지만 많은 이들이 서너 장의 페이지를 넘긴 뒤에 덮어 둔다. 어쩌면, 이런 책을 읽기도 한다며 SNS에 책표지 사진을 찍어 올렸을지도 모른다. 일정 기간 유예가 끝나면 책은 책꽂이로 자리를 옮긴다. 나의 머리맡을 얼마간 지킨 것으로 제 몫을 다했기 때문이다. 잠시 동안의 위안이 '저 책을 다 읽지 못했는데…'라는 불편함으로 바뀔 때쯤, 시선이 잘 닿지 않는 곳으로 가야 할 운명인 것이다. 이렇게 마음의 안정을 찾기 위해 습관적으로 하는 행동이 있다. 친구를 만나고, 모바일게임에 빠지고, 애인을 괴롭히거나 쇼핑을 하기도 한다. 책을 사거나 읽는 것 또한 그중 하나일 것이다. 모습은 제각기 다양하겠으나 향하는 곳은 같다. '마음의 안정'이라는 집.

＼ 낮에 쓰는 가면

나는 차분해 보인다는 말을 종종 듣는다. 하지만 그 차분한 모습이 연습을 통해 만들어진 가면이라는 것을 안다. 쉽게 긴장하고 불안해하고 서툰 모습을 들키고 싶지 않아 가면을 만들어온 것이다. 그러니까 '차분해 보이고 싶은' 사람이라는 게 더 정확한 표현이다. 때때로 생각한다. 난 언제쯤 노련한 사람이 될 수 있을까. 나이가 들면서 늘어가는 것은 단지 노련한 척, 차분한 척하며 자신을 위장하는 기술이다. 다행히 사람들은 속아주는 것 같다. 그 친구도 마찬가지였을 것이다. 낮에는 직장 동료들 앞에서 당당하고 밝은 모습이었다가 늦은 밤 명하니 있을 때면 혼자 고민하는 사람. 퇴근길에 밀려오는 공허감을 채우기 위해 서점으로 향하는 사람. 낮의 그녀와 밤의 그녀는 다른 사람일까? 그리고 이것이 단지 그녀에게만 보이는 모습일까?

＼ 상처받은 아이를 발견하다

그녀와 마찬가지로 누구나 가끔 마음의 안정이 필요한 순간을 마주한다. 사회생활을 하면서 수많은 스트레스 상황에 노출될 때는 특히 그렇다. 그 순간을 위해 나의 감정과 행동에 긴밀하게 연결되어 있는 '내면아이inner child'를 이해할 필요가 있다.

사람들의 마음속에 한 명씩 살고 있는 이 아이는 하나의 독립된 인격체처럼 존재한다. 심리학자나 정신의학자들은 이 존재를 '내면아이' '내면 안의 아이child within' '신성한 아이the divine child' 등 여러 가지 명칭으로 설명한다. 내면아이는 한 개인의 인생에 지속적으로 영향을 주는데 특히 스트레스 상황에서 불안, 겁, 자기의심으로 감정과 행동에 영향을 미친다.

내면아이 치료전문가인 존 브래드쇼에 의하면 내면아이는 긍정적인 면과 부정적인 면을 포함한다. 부정적인 측면을 '상처받은 내면아이'라고 하는데, 치료의 핵심이 되는 개념도 이 부정적인 측면이다. 상처받은 내면아이를 치유하지 않고 계속 품고 있을 때 심리적 문제가 나타나기 때문이다. 브래드쇼는 사람들이 겪는 모든 불행의 가장 큰 원인이 바로 아직 치유되지 않은 내면아이에 있다고 본다. 내면아이를 발견하고 돌보지 않는다면 그 아이는 성인이 된 후에도 인생에 계속적인 악영향을 끼치면서 모든 것을 엉망으로 만들어버릴 것이다. 하지만 반대로 이 내면아이가 지닌 상처를 이해하고 돌본다면 '놀라운 아이wonder child'가 대신 자리 잡게 된다. 놀라운 아이는 내면아이의 긍정적 측면으로, 인간의 창조적 에너지의 근원이다.

세상에는 이런 놀라운 아이의 힘으로 창조적 힘을 발휘

하고 있는 인물들이 있다. 오프라 윈프리가 대표적이다. 현재 그녀는 미국에서 가장 영향력 있는 인물인 동시에 토크쇼로 많은 이들을 치유한 것으로도 유명하다. 하지만 그녀의 유년 시절은 그야말로 상처투성이였다. 불우한 가정사와 인종차별뿐만 아니라 끊임없는 성적 학대로 열네 살에는 미숙아를 사산하는 일을 겪었다. 그러한 치명적인 시련으로 그녀의 내면 아이는 병들어 있었다. 만약 그 아이를 모른 체하고 돌보지 않았다면 많은 이들에게 선한 에너지를 주고자 노력하는 지금의 윈프리도 존재하지 않았을지 모른다.

그녀는 말한다. 나 자신을 행복으로 이끄는 것은 내가 나를 보는 시선, 내가 나와 맺는 관계라고. 또한 자신의 목소리에 귀를 기울이고 자신만의 조용한 시간을 가지며 몸과 마음을 돌보아야 한다고. 그녀는 자신의 상처받은 내면아이를 돌보아야 함을 일찍이 깨달았던 것이다. 그렇기에 그녀는 놀라운 힘으로 이제 타인의 상처까지 돌볼 수 있는 큰사람이 되었다.

＼ 내면아이와 대인관계

그렇다면 어린 시절에 치명적인 상처가 없는 경우 모두 튼튼한 자아를 갖게 되는 걸까? 그렇지는 않다. 오히려 '내 성장과정은 순탄했다'고 속단하거나 '나의 내면은 전혀 문제 될 게 없다'고 넘겨짚는 데서 내면아이는 소외될 수 있다. 스스로 의식하지 못한다 해도, 성장하는 동안 부모나 형제관계에서의 무의식적인 압력, 섣부르게 강요된 성숙에 크고 작은 상처를 받아왔을 수도 있기 때문이다. 그만큼 어린 시절의 자아는 결핍에 취약하다.

흥미로운 것은 내면아이가 인간관계에서도 중요한 역할을 한다는 점이다. 불안과 우울 같은 정서적인 문제의 많은 부분이 관계 안에서 발생하는 것을 생각해보면 당연한 사실이다. 내면아이를 숨기면 숨길수록 타인과 상처를 자주 주고받거나 고통스러운 관계를 형성하게 된다. 서너 살짜리 아이가 자신을 받아주지 않으면 떼쓰거나 우는 모습을 보이는 것과 같다. 그래서 내면아이에 관한 개념은 가족, 커플, 부부관계 문제와 함께 연구된다. 부부치료 전문가 오제은 교수는 배우자를 선택하는 것과 부부갈등의 원인을 내면아이가 지닌 어린 시절의 상처와 관련지었다. 오 교수는 내면아이가 지닌 결핍과 상처를 애인이나 배우자로부터 채우고자 하는 무의식적인 기대에 집중한다. 일련의 대화법과 훈련을 통해 서로의 어린 시절의 상처를 바라보게 하고, 부정적인 기억들이 배우자 선택과 부부갈등의 근본적인 원인임을 깨닫게 한다.

내면아이라는 개념이 너무 추상적이고 와닿지 않는다면 단순히 이렇게 생각해보는 것도 좋다. 사랑하는 연인 혹은 배우자에게 당신이 존중받고 싶은 모습은 무엇인가? 부모님이 이해해줬으면 하는 진짜 모습은 무엇인가? 분명히 내가 의식적으로 포장한 모습은 아닐 것이다. 있는 그대로 존중받고 싶은 부분은 아마도 내 안의 여린 모습, 쉽게 사람들에게 내보이지 않는 부분이다. 정말 사랑하고 의지할 수 있는 존재를 만났을 때야 비로소 드러낼 수 있는 바로 그 모습이다. 여기에 내면아이가 포함된다. 내면아이치료를 적용한 관계치료는 바로 그 부분에 집중한다.

내면아이를 이해하다 보면 어린 시절의 결핍과 욕구가 중요한 역할을 하는 것을 깨닫게 된다. 부모와의 관계에서 채워지지 못한 욕구와 치유되지 않은 상처가 이후의 대인관계에 영향을 준다는 사실은 정말 중요하다. 성인이 되어 연인을 만나거나 결혼을 하면 각자 어린 시절의 발달단계에서 채워지지 못했던 결핍과 욕구를 상대방을 통해 채우려고 필사적으로 매달리게 된다. 서로가 자신의 욕구를 충족하기 위한 '힘 겨루기power struggle'에 돌입하기도 한다. 발달단계에서 충족되어야 할 욕구가 충족되지 않아 일생 동안 이 열망을 갖고 다니는 것이다.

＼ 모든 욕구가 향하는 그곳

이처럼 발달과정에서 욕구를 해결하는 일은 감정문제와 밀접한 관련이 있고 그에 따라 관계문제에도 지속적으로 영향을 준다. 성인이 되어서도 욕구를 충족하는 일은 중요한 과제다. 갓난아기일 때는 그 과제를 부모가 해주었다면 이제는 스스로 풀어가야 한다. 심리학자 매슬로는 인간의 내부에 중요성에 따라 단계를 이루는 다섯 가지 욕구가 있다고 설명했는데 이것이 '매슬로의 욕구위계이론'이다. 이 이론에 의하면 인간의 행동은 만족하지 못한 욕구를 채우는 것을 목표로 한다. 욕구단계는 생리 욕구에서 안전 욕구, 애정·소속 욕구, 자존 욕구, 자아실현 욕구까지 총 5단계로 이루어진다. 각각이 별개의 욕구처럼 보이지만 아랫단계가 충족되지 않으면 그다음 단계로 이어지지 않는다. 모든 단계가 위계적으로 연결되는 것이다. 그런데 이 모든 욕구를 관통하는 것이 바로 안정의 욕구다. 다섯 가지가 결국 몸과 마음의 안정을 위해 충족해야 할 것들이다.

어느 단계든 채워지지 않을 때 우리가 느끼는 것은 불안감이다. 세상이 좋아져서 현대인들은 이제 자존감을 돌보기 위해 이런저런 노력을 하고, 자아실현을 위해 자신의 꿈을 좇으며 많은 시도를 한다. 이는 욕구위계이론상의 하위단계인 생리 욕구와 안전 욕구가 기본적으로 채워졌다는 뜻일 수도 있다. 하지만 먹고사는 게 누구나 어려웠다는 옛날에 비해 우리가 정말 안정되었다고 판단하는 것은 무리다. 요즘도 생계 문제를 위협받는 것 같은 위기의식 때문일 수도 있지만, 생리 욕구나 안전 욕구가 채워졌어도 여전히 우리는 불안감을 느낀다. 상위의 욕구들도 결국 불안감으로부터 일어나고, 마음의 안정을 추구하는 방향으로 나아가기 때문이다.

태아라면 엄마 배 속에서 엄마의 심장소리를 느끼면서 가만히 있으면 그만이다. 탯줄로 세상과 연결된 태아는 그 자체로 완전하다. 우리는 가끔 그러한 상태를 바라곤 한다. 가만히 있어도 모든 게 해결되는 그런 환경 말이다. 불행히도 우리는 엄마의 배 속으로 다시 들어갈 수 없고 평생 '생존'이라는 과제를 떠안게 되었다. 그래서 욕구위계이론이 보여주는 것처럼 자신의 욕구를 스스로 채움으로써 안정을 찾아가는 과정 속에 있다. 결국 불안감은 생존에 없어서는 안 될 감정이다. 불안이 우리 존재의 본질적 감정이라면 안정은 그런 우리가 지속적으로 갖게 되는 자연스러운 욕망이다. 우리는 끊임없이 흔들리면서 그 안에서 평안을 찾고자 안정을 향해가는 존재인 것이다.

그렇기에 서점에 들른 그녀처럼, 저마다 자신만의 방법으로 마음의 평형을 유지하고 있다. 그 방법은 맛있는 음식일 수도, 친구와의 수다일 수도, 휴대폰게임일 수도 있다. 하지만 이제는 또 다른 선택지가 생겼다. 내면아이를 보살피는 것이다. 마음에 두려움이 느껴지는 날에는 자신 안에 웅크리고 있는 내면아이를 만나보는 건 어떨까. 이따금씩 당신을 두드리던 불안감이 어쩌면 내면아이의 손짓이었을지도 모르는 일이니까.

당신은
당신과 친합니까

당신이 가장 두려워하는 것을 찾아라.
진정한 성장은 그 순간부터 시작된다.

_카를 구스타프 융

사람과 사람이 가까워지는 모습은 다양하다. 첫인상에 호감을 느끼면 금세 자기 얘기를 터놓고 친해지는 사람도 있고, 처음엔 경계를 하는 편이지만 어느 순간에 자기도 모르게 허물없는 사이가 되는 사람도 있다. 누구와도 적당한 거리를 유지하며 지내는 유형도 있고, 호불호가 유난히 강한 유형도 있다.

　나도 타인과 친해질 때 어떤 패턴이 있었다. 먼저 다가가기보다는 내게 다가와주는 사람과 친해지는 편이었는데, 상대가 어떤 성격이라도 처음에는 그 매력과 장점이 도드라져 보였다. 그래서 그를 미화하고, 그러다 보니 더 알고 친해지고 싶어 했다. 우정이라는 이름으로 간과 쓸개를 모두 내어줄 것처럼 상대에게 헌신적인 모습을 보였다. 하지만 너무나 가까워져버렸을 때는 단점이 하나씩 보여서 스스로 당황하는 시점이 있었다. 실망하게 되고, 불편해지곤 했다. 그제서야 '이 친구는 나와 정말 맞지 않아'라는 판단을 내렸다. 상대방은 그대로인데 내 생각이 갑자기 변하는 것이다. 그러고는 의도적으로 급격히 멀어져버렸다. 그런 패턴이 몇 번 반복되다 보니 나에게 문제가 있다는 것을 알게 되었다. 이제는 처음부터 적당히 거리를 둘 줄도 알고, 탐색하는 시간도 생겼다. 정말 잘 맞는 친구와도 자연스레 시간을 두고 가까워졌다.

＼ '진짜 나'를 인정할 수 있는가

보통 성인이 되면 조금만 대화를 나눠봐도 이 사람이 나랑 잘 맞는 사람인지 아닌지 파악이 가능하다. 굳이 시간을 들여 판단하지 않아도 자연스럽게 가까워지거나 맞지 않으면 본능적으로 멀리하게 된다. 자신을 불편하게 하는 사람과는 처음부터 친해지지 않으려고 한다. 그렇다면 자기 자신과 관계 맺는 방식은 어떨까? 나는 과거에 타인을 대하는 방식처럼 나 자신을 대하고 있었다. 내가 싫어하는 나의 어떤 모습은 마치 내 것이 아닌 듯이 의도적으로 소외시켜버렸다. 내 것으로 인정하기 싫었기 때문이다.

모든 개인은 여러 가지 모습을 지닌 복합적인 존재다. 하나의 단어로 한 사람을 표현하기는 어렵다. 어떤 모습은 장점일 수 있고 어떤 모습은 단점일 수 있다. 그리고 누군가에게는 장점으로 보이던 것이 다른 이에게는 단점으로 보일 수 있고, 반대로 시각에 따라 단점이 장점이 될 수도 있다. 한 사람의 매력이 모든 사람에게 매력일 수는 없는 것이다. 그래서 우리는 누구나 야누스와 같다. 다만 '드러나는 모습'과 '드러나지 않는 모습'이 있을 뿐이다. 나는 자신의 여러 가지 모습 중 내가 좋아하는 모습만 인정하고 있었다. 내가 싫어하는 타인을 의도적으로 멀리하는 것처럼 나 자신에 대해서도 그랬다. 하지만 안타깝게도 내가 가까이하고 싶지 않아 무시한 내 모습은 여전히 내 안에 있었다. 내면의 다락방에서 언제고 튀어나갈 틈을 노리면서.

＼ 도플갱어가 두려운 이유

조금 불편한 상상을 해보자. 당신이 부정하고 싶은 모습, 사회
생활을 하는 데 받아들여지지 못할 모습, 당신의 단점과 어두
운 면들만 모아서 똘똘 뭉쳐진 사람이 있다고 가정해보자. 그
사람을 마주쳤을 때 어떤 기분일까? 불쾌하다 못해 못 본 척
피하고 싶을 것이다. 게다가 그 사람이 "나는 또 다른 너야"라
고 말한다면?

　진정한 자기성찰이 어려운 이유가 여기에 있다. 자기가
인정하고 싶지 않은 면까지 바라봐야 하기 때문이다. 쉽게 말
하면, 학창시절에 미워했던 친구건 나를 괴롭히는 직장동료이
건 내가 정말 싫어하는 사람과 한시도 떨어지지 않고 마주 앉
아 있어야 하는 것이다. 자기성찰이란 거의 고문과 마찬가지다.

> 어떤 사람이 그림자가 두렵고 발자국이 싫어서 그
> 것을 벗어나려고 달아났다. 그러나 발을 놀리면 놀
> 릴수록 발자국이 더 많아졌다. 빨리 달리면 달릴수
> 록 그림자가 몸에 바짝 따라붙었다. 그래서 아직도
> 자기가 느린 탓이라 생각하고 더욱 힘껏, 쉬지 않
> 고 내달리다가 그만 힘이 다해 죽고 말았다.
>
> ＿ 장자, 〈어부편〉 중에서

이처럼 자신을 있는 그대로 대면하는 일의 괴로움을 잘 나타내주는 이야기가 몇 가지 있다. 그리스신화에서 메두사에 대한 이야기를 들어본 적이 있을 것이다. 고르고네스 세 자매 중 한 명인 메두사는 원래 엄청난 미인이었다. 하지만 아테나의 신전에서 포세이돈과 사랑을 나눈 죄로 아테나 여신의 분노를 샀고, 아테나 여신은 메두사를 흉측한 괴물로 만들어버렸다. 그때부터 흉측한 모습의 메두사를 보는 자는 누구든지 너무 무서워서 바로 돌로 변해버렸다고 전해진다. 그런데 또 다른 이야기가 있다. 이 무시무시한 메두사의 등 뒤에 거울이 있으면 싸우던 자가 미쳐버리게 되었다는 것이다. 이유인즉, 흉측한 메두사보다 거울 속에 비친 자신의 그림자가 훨씬 혐오스럽기 때문이다.

또 하나는 도플갱어Doppelgänger에 대한 것이다. 이 또한 신화적인 모티브인데, 인간이 자신과 완전히 똑같은 존재를 일컫는 도플갱어를 마주치는 순간 쇼크로 죽는다는 이야기다. 여기서 도플갱어가 상징하는 바는 또 다른 자아, 자신의 분신, 거울에 비친 자신이라 할 수 있다. 자신의 또 다른 자아를 마주했을 뿐인데, 왜 죽음에 이를 만큼 충격을 받는 것일까. 외나무다리에서 원수를 만나도 이만큼 충격을 받진 않을 텐데 말이다. 메두사와 도플갱어에 대한 얘기는 자아를 있는 그대로 받아들이는 것이 얼마나 괴로운 일인지를 은유적으로 보여준다. 이에 대해 깊이 있게 이해하기 위해서는 정신과 의사이자 심리학자인 카를 구스타프 융이 언급했던 '그림자'에 대한 이해가 필요할 것 같다.

＼ 그림자와 친해지기

때로는 나의 본래 모습, 태초의 자아가 무척 궁금하다. 성장과정에서 교육에 의해 만들어지지 않았다면, 혹은 어떤 날의 시련이 바꾸어놓지 않았다면, 지금의 나는 어땠을까. 제도나 규칙의 필터를 거치기 전의 내 모습은 어땠을까.

　　융은 어렸을 때의 온전한 자기는 사회화를 겪으면서 자아와 그림자로 나뉜다고 말한다. 자아는 내가 누구라고 인식하고 있는 자신이며, 그림자는 내가 보려 하지 않거나 이해하는 데 실패한 부분이다. 이는 사회의 기준들에 의해 자신이 의식적, 무의식적으로 분리한 것이다. 쉽게 말해서 사회가 수용할 수 있는 부분(자아)과 수용할 수 없는 부분(그림자)으로 나뉜 것이라고 보면 된다. 그리고 이 과정 전체를 한 단어로 표현한 것이 '성장'이다. 그런 과정을 거쳐온 덕분에 우리는 사회적으로 어느 정도 성숙한 어른의 모습이 되었다.

표면적으로 드러나는 부분은 점점 더 갈고 닦여 세련되어진다. 사람들이 인정해줬을 것이고, 스스로도 자신의 매력이라 여겼을 테니까. 문제는 그러는 동안 반대편에 가려진 어두운 면, 즉 그림자이다. 자신의 특질 중에서 부정하고 거부한 일부는 사라지는 게 아니라 차곡차곡 쌓여 언젠가는 표출되고 만다. 사람이 밝은 면만 있을 수가 없는 이유다. 자신의 그림자를 외면하고 살다 보면 예기치 못하게 우울한 기분, 육체적·심리적 질병, 혹은 어떤 사건에 의해 자신도 미처 몰랐던 모습이 드러나게 된다. 그때 우리는 당혹스러움을 느낀다. '내가 왜 이러지?' '나에게 이런 면이 있다니'라고 말이다. 그래서 겉으로 보기에 매우 선하고 인격적으로 훌륭해 보이는 사람도 정신적으로 심각한 문제를 겪을 수도 있다. 예를 들어 항상 말 잘 듣고 순응적이었던 모범생이 어느 순간 폭력적인 게임에 중독적으로 빠져들 수도 있다. 축적되어온 그림자는 어느 순간 드러나기 마련이기 때문이다.

일상에서 가장 흔하게 일어나는 그림자의 표출은 바로 '투사'다. 투사는 자신에게서 받아들이기 힘든 어떤 면, 약점을 남에게 덮어씌우는 것이다. 남에게 보이기 싫고 자신이 용납하지 못한 부분을 과하게 억압하면서 그 화살이 타인에게로 향하는 것이다. 이때 과도하게 특정 측면을 억압하는 이유는 사랑받지 못하거나 인정받지 못할 것이라는 불안에 기인한 경우가 많다. 특별히 싫어할 이유가 없는데 어떤 사람이 유난히 싫었던 경험이 있다면 이 경우에 해당할 수 있다.

그림자라는 개념이 약간 난해한 이미지로 느껴질 수도 있다. 스스로 인식해오지 않았다면 더욱 그렇다. 조금만 더 넓게 생각해보자. 같은 정도의 어둠 없이는 빛을 밝힐 수 없다. 세계는 낮과 밤, 삶과 죽음으로 구성되며 인간은 영혼과 육체로 이루어져 있다. 그렇다면 우리의 정신이 균형을 잡기 위해서는 무엇으로 구성돼야 할까. 우리가 어렸을 때 어른들은 보통 선하고 바른 면만을 갖추게 하기 위해 우리를 훈육했다. 부모님과 선생님의 지시적·암묵적인 가르침에 따라 우리는 아름답고 올바르고 선한 것만이 용인된다고 배워왔다. 결국 한쪽에 치우친 것만을 발달시키고자 노력해온 것이다. 하지만 당연히 그 스펙트럼 반대편의 것도 우리 정신에 존재한다.

우리의 진짜 성숙을 위한 과제는 균형을 찾는 것, 즉 그 모든 면을 온전히 통합시키는 것이라 할 수 있다. 융은 이를 '대극의 통합'이라고 명명하면서 궁극적으로 이루어야 할 지점이라 했다. 융에게 심리상담을 받기도 했던 작가 헤르만 헤세의 문학작품에는 이러한 개념들이 잘 녹아 있다. 우리에게 가장 친숙한 작품인《데미안》을 살펴보자.

주인공 싱클레어가 지향하는 신으로 '아브락사스Abraxas'
가 등장한다. 싱클레어의 내적 성장과정에서 아브락사스는 의
미 있는 개념이다. 싱클레어는 친구 데미안의 도움으로 이 신
에 대한 깨달음에 도달한다.

> 그러나 세계 전체를 존중할 수 있어야 한다고, 그
> 러니까 악마이기도 한 신 하나를 갖든지, 아니면
> 신에 대한 예배와 더불어 악마에 대한 예배도 만들
> 어야 한다는 것이었다. 그러니까 아브락사스는 신
> 이기도 하고 악마이기도 한 신이었다.
>
> ＿ 헤르만 헤세, 《데미안》 중에서

아브락사스는 밝음과 어둠, 선과 악, 대극의 통합을 보여
주는 이미지이자 상징으로 묘사된다. 싱클레어는 이 개념을
이해하면서 밝은 세계뿐 아니라 어두운 세계 또한 받아들이면
서 자아의 성숙을 이루어간다.

　우리는 대개 '성인聖人'에 대해 생각할 때 최상의 선善의
이미지를 그려내곤 한다. 하지만 선만 받아들이거나 세계의
밝은 면만 받아들이는 반쪽짜리 인식이라면 진정한 성인이라
할 수 없을 것이다. 오히려 자신의 모든 것을 있는 그대로 받
아들일 줄 아는 사람이어야 하지 않을까. 이 경지는 단순한 깨

달음만으로는 가능하지 않을 것이다. 융은 자신 안의 그림자와 만나 친밀해질 것을 권한다. 꾸준한 자기 성찰과 고민을 통해 그림자를 받아들이는 연습이 필요하다. 그게 바로 진정한 자기 자신에 이르는 길이기도 하다.

> 나는 그저 나 자신이 되고 싶었을 뿐인데, 정말로 나다워지고 싶었는데, 그 길이 왜 그렇게 어려웠을까.
>
> ＿ 헤르만 헤세, 《데미안》 중에서

나 또한 내면의 조화를 이루는 일에 노력을 기울이고 있다. 이전에는 '나는 선한 사람이 되어야 해'라고 생각했다면 이제는 최대한 온전한 모습이 되고 싶다. 이를 위해 내가 찾은 소소한 방법은 혼자만의 시간을 갖거나 글을 쓰는 일이다. 내면에 쌓여 있던 것들이 충분히 고개를 내밀고 글로 드러날 수 있도록 기회를 주는 것이다. 그것이 그림자를 인정하되 타인에게 화살이 가지 않는 안전한 방법이다. 그 시간을 통해 아주 조금은 균형을 찾게 되었다. '착해 보인다'는 말은 전보다 덜 듣게 되었고, 나 스스로 자연스러운 모습을 느낄 수 있어 마음이 편안하다. 물론 계속해서 균형을 잡기 위해 그림자를 다루는 것에 대해 고민하고 있다.

＼ 나를 가장 소중하게 여겨줘야 할 사람

이번엔 다시, 기분 좋은 상상을 해보자. 내가 예쁘게 차려입거나 꾸미지 않고도 있는 그대로 사랑받고 있다고 가정해보자. 내가 애써 친절하게 대하지 않아도 나를 귀중한 사람으로 여겨주는 사람이 있다. 나의 선하고 아름다운 모습뿐 아니라, 나의 온전한 모습 그대로를 사랑하고 소중히 여겨준다. 과거의 젊음뿐만이 아니라 미래의 늙음까지, 밝은 모습뿐 아니라 그 뒤에 숨어 있는 어두운 모습까지 그대로. 기분이 어떤가?

아주 편안하고 안정된 느낌일 것이다. 바로 이것이 자신이 가장 먼저 해주어야 할, 자기를 대하는 방식이다. 자비를 담아 자신을 바라보는 일. 누군가에게 사랑받고 싶은 방식 그대로 자신을 보듬어주는 일 말이다.

싱클레어가 고백한 것처럼 진정한 자기 자신이 되는 일은 너무나 어렵다. 그것은 어쩌면 일생에 걸친 작업일 수도 있다. 그 수고로움에도 불구하고 우리 모두가 그렇게 자신과 관계 맺을 수 있다면 좋겠다. 아주 자비롭고 마음 넓은 선생님이 모든 아이를 따뜻하게 감싸주듯이 자신 안의 모든 모습을 있는 그대로 인정하고 똑같이 온기를 나누어줄 수 있었으면 좋겠다. 그렇게 된다면 타인과의 관계에서도 존중과 이해가 충분히 가능해질 것이다.

결정장애를
어쩌면 좋을까

"우리 뭐 먹을까?"

"나 결정장애 있잖아. 네가 정해."

사람들을 만나 식사 메뉴를 정할 때 자주 나타나는 대화 패턴이다. 우리는 삼시 세끼 밥을 먹는 일상적인 일에 왜 '장애'라는 말을 붙이게 되었을까. 이왕이면 더 맛있는 걸 먹고 싶어 망설이는 즐거운 고민이 참으로 비장하다.

결정장애라는 용어는 선택을 지나치게 망설이는 사람들

이 늘어나면서 생긴 신조어다. 유사한 단어로 '햄릿증후군'이 있다. 셰익스피어의 작품《햄릿》에서 주인공이 결정하지 못하고 갈등하는 데서 착안한 것이다. 이러한 경향을 병으로 진단하지는 않지만 전문가들은 오랜 시간 몸에 밴 습관으로 보고 있다. 그렇다면 이 습관은 어떻게 형성된 걸까.

＼ 선택의 괴로움

첫 번째는 스스로 무언가를 결정할 필요가 없었던 성장과정 때문이다. 어릴 때부터 무언가를 결정하고 그 결정을 확신하는 데 익숙하지 않은 탓이다. 결정의 순간마다 부모님의 의견에 따라왔다면 스스로 결정하는 일이 어려울 수밖에 없다. 이런 경우 낯설기만 한 선택의 기로에서 불안해하고 타인에게 의지하는 경향을 보인다. 물론 어린아이 때는 혼자 결정할 일이 거의 없지 않느냐며, 결정하는 행위는 어른의 일이기에 성장과정과 무관하다고 반문할지도 모른다. 하지만 양육방식에 따라서 아동은 어릴 때부터 선택하는 일을 경험해볼 수 있다. 《부모가 되는 시간》의 저자인 김성찬 소아정신과 원장은 유아기 때 작은 행동에도 선택권을 주면 아이는 스스로 일정한 힘과 자유가 있다는 것을 깨닫고 의사결정능력을 키우게 된다고 말한다. 예를 들면 겉옷을 입지 않겠다고 떼쓰는 아이에게 "추운 거 몰라? 엄마 말 들어. 얼른 입어"라고 하기보다는 "겉옷을 입고 갈까? 아니면 일단 손에 들고 나갈까?"라고 묻는 것이다. 하지만 우리는 이런 사소한 것들을 비롯해 진로 선택과 같은 큼직큼직한 결정에서도 부모님의 직간접적인 결정에 따라온 경우가 많다. 따라서 스스로에게 현명한 결정을 내릴 힘이 있다는 것을 믿을 기회를 충분히 갖지 못했다.

결정 행위가 어려운 또 다른 이유는 지나치게 늘어난 정보의 범위이다. 선택의 폭이 늘어났고 쉽게 접근할 수 있는 정보의 양이 방대해졌다. 좋은 것들이 생겨났고 더 좋은 것들이 계속해서 빠르게 생겨난다. 우리는 사람들에게 도움을 얻고자 '검색 찬스'와 온라인 커뮤니티를 이용한다. 하지만 불행히도 인터넷 검색은 선택을 돕기보다는 더 큰 혼란 속으로 밀어 넣는다. 그야말로 정보의 홍수인 데다 곳곳에 광고까지 섞여 있어 진실을 선별해야 하는 과제까지 추가되기 때문이다.

특히 결혼을 준비하는 사람들은 많은 것을 선택해야 하는 고충을 토로한다. 인터넷에서 결혼에 관한 정보를 모아놓은 유명 커뮤니티나 카페를 활용해보지만, 선택의 폭이 지나치게 넓고 댓글까지 읽다 보면 오히려 혼란스럽다. 게다가 사기를 당했다는 후기라도 읽으면 나까지 피해자가 될 것 같아 더욱 겁이 난다.

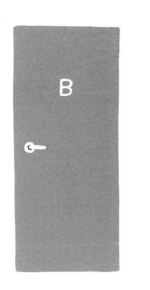

이러한 이유로 본인이 결정장애라고 고백하는 이들이 늘어난 것은 전혀 이상한 일이 아니다. 결정하는 행위에 익숙하지 않았던 성장과정, 늘어난 선택의 폭, 예고 없이 뒤통수치는 사람들, 완벽한 선택을 하고 싶은 욕구까지 합쳐져 선택의 불안을 만들어내는 것이다. 결정에 서툰 것 자체가 어떤 질환이 되는 것은 아니다. 다만 이런 경향성이 지나칠 경우에 우울증, 의존성인격장애, 강박증으로 이어질 수 있다. 결정의 행위가 엄청난 스트레스를 불러오는 요인임은 분명하다. 정도의 차이가 있을 뿐 현대인은 누구나 선택의 어려움을 겪고 있다. 그렇다면 결정을 지나치게 주저하는 습관의 '진짜 문제'에 대해 생각해보자.

＼ 책임의 두려움

결정을 잘하지 못하는 이들은 선택을 타인에게 넘기려고 한다. 하지만 중요한 건 타인이 결정해준다고 해서 그 결과에 만족하지도 않는다는 것이다. 타인에게 결정을 넘긴다는 것은 그 선택에 대한 책임을 넘기는 것이다. 그 결정에 대한 부정적인 결과를 받아들여야 하는 두려움까지 넘겨버리고 싶은 것이다. 이 또한 기저는 불안이겠으나 크고 작은 결정들이 자신의 인생을 좌우한다고 생각할 때, 어떻게 매번 타인이 결정하도록 맡길 수 있겠는가. 중대한 문제 앞에서는 정신을 바짝 차릴 필요가 있다. 남한테 맡긴다고 그에 따르는 책임까지 타인이 짊어져주지는 않는다.

국내의 한 정신의학자는 고민하는 시간이 길어질수록, 내 결정이 옳았는지 타인의 확신에 매달릴수록, 결정에 대한 만족도는 점점 떨어진다면서 오히려 자신의 직관을 믿으라고 조언했다. 하지만 결정이 어려운 이들은 항상 완벽한 선택을 해야 한다고 믿는 듯하다. 그러니까 결정장애를 자처하는 이들은 우유부단하다기보다는 오히려 완벽주의자형에 가깝다고 볼 수도 있다. 완벽한 결정을 원하는 것이다. 이 동기가 나쁘다고 할 수는 없지만 완벽주의자들은 여러 문제에 맞닥뜨릴 가능성이 높다.

＼　**불행한 완벽주의자**

심리학에서는 완벽주의perfectionism에 대해 '매우 높은 기준을 갖고 완전해지기 위해 부단히 노력하며 자신을 엄격히 평가하는 성격특질'로 정의한다. 문제는 이 '매우 높은 기준' 탓에 완벽주의자들은 만족하는 법이 없고 이것이 심리적 문제로 이어진다는 것이다. 삶의 여러 방면에서 크고 작은 만족감은 상당히 중요하다. 신체만족도, 결혼만족도, 직무만족도, 사회적 관계만족도 등은 심리학에서 불안·우울과 관련해 자주 연구되는 주제다. 우울증이 완벽주의자들에게서 많이 나타나는 것도 이 때문이다. 좀처럼 만족하는 법이 없으니 삶에서 쉽게 기쁨을 찾기가 힘든 것이다. 에이브러햄 링컨, 찰스 다윈, 윈스턴 처칠 등 역사적으로 큰 업적을 남긴 이들이 우울증에 시달렸다는 것이 이를 뒷받침한다. 자기 자신에게 지나치게 엄격한 기준을 들이대는 것은 우울감을 넘어 자살충동으로까지 이어질 수도 있다.

빈센트 반 고흐가 그중 하나다. 그는 완벽주의적 성향으로 자신을 지나치게 괴롭힌 예술가로 알려져 있다. 네덜란드 출신인 그는 밝은 태양에 대한 열망이 강했다. 해바라기 그림을 많이 그린 것도 그 때문이다. 보다 밝은 태양을 찾아 대도시인 파리에서 아를이라는 작은 마을로 이주하였다. 후대에 걸작으로 알려진 작품이 많지만 정작 고흐 본인은 만족하지 않았다. 자신의 작품에 지나치게 트집을 많이 잡았고 더 잘 그리고 싶어서 끊임없이 작품들을 그려냈다. 그럼에도 자신이 꿈꾸는 경지에 도달하지는 못했다. 그는 우울증에 시달리며 상당한 고통을 겪었는데, 스스로 귀를 자른 유명한 일화는 고갱과의 다툼 끝에 정신적 발작을 일으킨 탓으로 전해진다. 끝내 권총 자살로 생을 마감한 그는 이런 말을 남겼다.

나에게 일은 필수 불가결한 것이야. 나는 일을 놓아둘 수가 없어. 나는 다른 것은 신경 쓰지 않아. 이렇게 말할 수 있겠어. 나는 내 일을 계속할 수 없을 때, 다른 것에 대한 내 기쁨은 순간 멈춰버리고 우울함에 빠지지. 실이 모두 엉켜버리고, 베틀 위의 무늬들이 모두 악마에게로 가버리고, 노력과 영감을 모두 상실한 직공이 된 느낌이 들어.

작가 대니얼 클라인은 자신의 저서에서 "완벽주의란 온전한 성취감을 절대로 느끼지 못하게 하는 데는 완벽한 방법이다"라고 꼬집는다. 아무리 노력해도 만족감을 느끼지 못한다면 삶이 얼마나 우울할까. 높은 기준 때문에 스스로를 괴롭히고 자학하는 시간의 연속일 것이다. 특히 대인관계에서 완벽주의 성향을 갖는 이들은 타인이 자신에게 높은 기준을 갖고 있다고 생각하고 그 기준을 충족시켜야만 한다고 믿는다. 그래서 평가를 더 두려워하고 스스로를 비난하기도 한다. 《완벽주의의 함정》을 쓴 클라우스 베를레는 모든 것을 완벽하게 만들려는 사람들의 기저에 두 가지 기본원칙이 깔려 있다고 본다. 첫째는 충분히 노력하기만 한다면 모든 것을 성취할 수 있다는 이데올로기, 둘째는 모든 것에 충족되어야 할 이상이 있다는 관념이다. 하지만 그는 이 같은 지상명령에 기초한 완벽주의의 가정은 단 한 번도 옳았던 적이 없다고 말한다.

행복학자로 손꼽히는 탈 벤 샤하르 하버드대 심리학 교수는 완벽주의자들의 '전부 아니면 전무all or nothing'의 사고방식을 지적한다. 그에 따르면 완벽주의자는 항상 최적의 상태에 도달하기를 원하기 때문에 패배를 극도로 두려워한다. 그래서 위험을 피하려고만 들다가 기회까지도 놓치고 만다. 이를 '성공 거부 반응'이라고 표현한다. 완벽주의자는 시도하지 않으면 실패도 없다고 여기기 때문에 자주 과제를 뒤로 미루는 경향이 있다. 그러나 이런 태도가 실패를 통해서 배울 수 있는 기회마저도 앗아간다는 것이다.

여기서 햄릿증후군의 원인을 생각해볼 수 있다. 잘못된 결정을 통해 불만족스러운 결과를 보느니 애초에 결정을 하지 않겠다는 것이다. 그러나 그런 행위가 장기적으로는 자신에게 더 불리한 결과를 가져올 수 있다.

＼   **결정에 대한 박수**

완벽한 결정이란 없다. 과학칼럼니스트 존 티어니는 아무리 합리적이고 이성적인 사람이라도 연속해서 올바른 결정을 내리는 것은 불가능하다고 말한다. 하지만 사람들은 '완벽한 정답'이 있다고 믿기 때문에 결정을 더욱 어려워한다. 무언가가 정답이 될 수 있으리라고 믿는 것이다. 사람들 얘기를 듣다 보면 이 세상이 마치 정답으로 이뤄져 있는 것만 같다. 취업이 어려운 시대에는 공무원이 정답이고, 30대 중후반이 넘기 전에는 결혼을 해야 하고, 더 늦기 전에 아이를 낳아야 한다. 단순히 기본적인 규범뿐 아니라 개개인이 가지고 있는 자유와 개성까지 미리 재단하여 그 범위를 한정해버리는 것이다.

우리는 정답을 맞히면서 사는 것에 너무나 익숙해져 있지만 삶이 서너 가지 정답에 뭉뚱그려지기엔 우리의 개성과 인격은 너무나 구체적이다. 백만 명의 사람이 있다면 백만 개의 세계가 있다. 당연히 백만 개 이상의 선택이 발생할 것이다. 우리가 결정을 망설이고 미룰 수밖에 없는 것은 '정답이 있는 세상'과 '나만의 세상'과의 갈등 때문이다. 그러나 정답은 없다는 것만이 이 세계의 유일한 정답이다.

언젠가 친구와 유명 외국 저자의 강의를 들으러 간 적이 있다. 강연 제목은 '사회생활의 어려움을 극복하는 법'이었다. 그 당시 친구는 진로에 관해 상당한 갈등 상황에 있었다. 하지만 강연을 듣고 나서 친구는 심드렁했다. "그래서 어쩌란 말이야? 난 해답을 찾고 싶었는데 더 혼란스러워졌어." 친구가 고민이 깊다는 것을 알기에 나라도 어떤 도움을 줄 수 있기를 바랐지만 유명 작가도 못해주는 일을 내가 어떻게 할 수 있었겠는가. 하지만 그 작가는 현명한 강의를 한 게 틀림없다. 지혜로운 사람이라면 상대의 고민에 해답을 내려주기보다는 스스로 고민할 기회를 만들어주어야 하기 때문이다. 지혜로운 엄마가 자녀의 결정을 대신해주기보다는 스스로 결정할 수 있도록 충분히 고민할 기회를 주는 것처럼 말이다.

애초에 정답은 없었다. 그래서 자유의지를 마음껏 발휘하여 무언가를 선택했을 때, 그 이후가 무척 중요해진다. 최선을 다해 그 길을 정답으로 일궈나가야 하기 때문이다. 그래야 어느 날 돌이켜봤을 때 그때 그 선택을 참 잘했다고 만족하는 것을 넘어, 무엇을 택했건 그 이후의 자신의 태도와 노력에 스스로 박수를 보낼 수 있다. 그때서야 비로소 그것이 정답이라 겨우 말할 수 있을 것이다. 불확실한 세계에서 완벽한 결정은 없다. 단지 최선만이 있을 뿐이다. 나의 결정이 최선이었음을 믿어주고 거기에 온 힘을 쏟아 최고의 결정으로 만드는 일은 자신만이 해줄 수 있는 일이다.

눈치보는
사람들의 힘

30대 여성 A씨. 그녀는 눈치를 많이 보는 사람이다. 얼마나 눈치를 많이 보느냐면, 눈치를 많이 보는 자신의 모습이 바보 같아 보일까 봐 또 눈치를 본다. 정도의 차이가 있을 뿐 누구나 어느 정도 타인의 눈치를 보며 살아간다. 단순히 그런 성격일 수도 있고 타인에 대한 배려일 수도 있다. 집단주의 문화가 강한 한국에서는 타인을 살펴야 하는 일이 더 많은 것 같다. 그래서 남들 눈치를 보느라 자신의 의견과 감정을 숨기는 데 익숙해진 사람들이 많다. 그런데 요즘 들어 A씨는 눈치 보는 자

신의 모습이 너무 한심하다. 때때로 심각하게 고민한다. '난 왜 이렇게 눈치를 많이 보는 거지?'

＼　나와 환경 사이의 타협

성격은 환경에 적응하는 방식으로 형성된다. 타고난 기질을 밑바탕으로 하되 자신이 처한 환경에서 생활하는 데 최적화되는 것이다. 주어진 환경에 적응하기 위해 우리의 내적시스템은 외부환경과 끊임없이 타협한다. 그래서 성격은 스스로를 지키기 위한 방어기제이며 생각의 패턴 또는 반응법으로도 볼 수 있다. 오스트리아의 정신의학자 알프레드 아들러는 개인의 성격에 대해 '인간의 정신이 삶의 문제에 대응하는 특정한 방식이나 양태'라고 하였다. 또 성격이론에 의하면 성격은 10대부터 서서히 형성되어 20대에 대부분 완성되고 그 후로는 크게 변하지 않는다. 어린 시절에 경험한 삶의 문제들은 성격에 중요한 영향을 미치는 반면 30대 이후로는 성격을 크게 변화시키지 못한다는 것이다.

이러한 점을 고려했을 때 눈치를 많이 보는 경향도 특정 환경에 대한 적응 방식으로 생겨난 습관이라고 볼 수 있다. 심리전문가들에 의하면 눈치 보는 성격이 형성되는 어린 시절의 주된 환경은 부모가 지나치게 엄격할 때, 양육방식에 일관성이 없을 때, 아이 스스로 자신감이 부족할 때다. 여기서 환경적 측면은 첫 번째와 두 번째 경우다. 지나치게 엄격하게 훈육하거나 일관성이 없어 예측할 수 없는 부모의 양육 방식은 아이가 눈치를 볼 수밖에 없게 만든다. 자신의 감정을 있는 그대로 존중받지 못했던 경우도 마찬가지다. 예를 들어 아이는 기분 좋은 일이라고 생각해서 환하게 웃었는데 앞에 있던 엄마가 정색하는 표정으로 아이를 바라본다. 아이는 당황하게 되고 자신의 감정이 잘못된 것이라고 판단한다. 그러면서 자신의 감정을 자연스럽게 표현하기보다는 주위 사람들의 표정과 반응부터 살피게 되는 것이다.

독일의 심리학자 배르벨 바르데츠키는 저서에서 엄마의 기대를 충족시키기 위해 안간힘을 쓰는 딸아이에 대해 서술한다. 딸은 어릴 적부터 모든 감각을 총동원하여 엄마의 기대가 무엇인지를 알아낸다. 아이가 엄마의 역할까지 강요당할 경우 앞으로 맺게 되는 관계에서도 상대방의 기대를 충족하려 노력할 가능성이 크다. 남들의 행복이나 불행이 자기 책임이라는 사고방식을 갖게 될 수도 있다. 눈치를 보는 경향성이 '엄마'라는 환경에 적응한 결과라고 추측해볼 수 있는 것이다.

대개 자기애적 만족이 거절당한 아이들은 부모의 요구를 충족하는 일이 유일한 선택지가 된다. 부모와의 관계 형성이 생애 첫 대인관계이기 때문이다. 이것은 마치 실타래의 첫 번째 가닥처럼 이후의 것들에 계속해서 영향을 준다. 그래서 적절하게 거절당하는 경험은 세상을 이해하는 지혜가 될 수도 있지만 그렇지 않은 경우 왜곡된 자기이해를 낳는다. 스스로 원하는 것을 행동에 옮기지 못하고 타인의 기대에 맞춰야 한다는 믿음이 작동하여 이타적 행위를 강박적으로 하게 된다.

＼ 내가 네 맘에 들지 않을까 두려워

첫 관계에 대한 중요성을 잘 보여주는 이론으로 '애착이론'이 있다. 애착attachment은 양육자와 형성하는 친밀한 정서적 관계를 뜻한다. 개인차에 대한 학계의 논란에도 불구하고 지속적으로 연구되는 주제다. 애착이론을 주장하는 학자들은 어린 시절의 애착관계가 이후의 심리적 적응과 밀접한 관련이 있다고 설명한다. 영유아기 때 안정애착을 형성한 아동은 이후 청소년기와 성인기의 대인관계나 이성관계를 안정적으로 형성한다는 결과가 있다.

상담학 교수이자 상담가인 김용태 교수는 타인의 요구에 지나치게 민감하게 반응하는 사람에 대해 애착과 관련지어 설명한다. 어렸을 때 부모와 안정된 애착을 갖지 못한 아이는 자기애적 상처를 갖는다. 아이는 자신의 존재 자체에 문제가 있다고 생각하게 되고 자신을 부끄러워하는 수치심이 생긴다. 인생의 초기에 발생한 수치심은 부모가 자신에게 무엇을 원하는지에 민감하게 만든다. 왜냐하면 부모로부터 거부당하거나 지배당하는 상황을 피하고 싶어 하기 때문이다. 이 수치심으로 자신이 무엇을 원하는지보다 타인이 자신에게 무엇을 원하는지가 더 중요한 '타인지향성'이 형성된다. 이것이 불안정 애착으로 인해 다른 사람의 요구에 민감하게 반응하게 되는 과정이다. 이 과정을 거치며 민감해진 이들은 다른 사람에게 비난받지 않기 위해, 또는 인정을 얻기 위해 모든 노력을 다한다. 특히 어린 시절에 심각한 분리불안을 겪은 경우 모든 인간관계를 '전이'로 경험할 수 있다. 전이는 일종의 투사현상으로, 유년기의 중요한 인물들에 대한 감정반응이 현재 다른 대상에게 부적절하게 반복적으로 재연되는 것이다. 부모의 감정에 예민하게 반응하던 태도를 모든 인간관계에 적용해, 타인이 자신을 좋아하는지 싫어하는지에 모든 신경을 쏟는다.

이러한 타인지향성이 계속되면 자신을 잃어버리기 쉽다. 나이가 들수록 점차 더 복잡한 문제들과 맞닥뜨리게 되는데 그때마다 타인의 비위를 맞추는 데 신경이 곤두서 있으면 삶을 지혜롭게 일구어나가기 어렵다. 자신에게 귀를 기울이는데 익숙지 않아서 자신의 의견과 감정이 타인이 원하는 것인지 내 것인지 구분하기도 어려워진다. 이러한 상태는 자신이 현실적으로 할 수 있는 일과 없는 일을 구분하지 못하게 한다. 그래서 자신에게 지나친 요구라는 것을 인식하지 못한 채 계속 무리를 하게 된다.

　독일의 심리학자 볼프강 슈미트바우어는 타인지향성이 강한 이들이 '조력자증후군'에 빠지는 것을 주의해야 한다고 말한다. 조력자증후군은 이타적 행위를 강박적으로 하는 이들이 '이상적 조력자상'에 일방적으로 자신을 적응시키려고 노력하는 것이다. 이들은 합당한 보상이 없더라도 희생적인 태도나 활동을 계속 받아들이다 결국 자신을 해칠 지경에 이른다. 무한히 이타적이고 헌신적인 행동의 이면에는 허기진 자기애적 욕구와, 깊은 자기애적 상처가 자리 잡고 있을 수 있다. 물론 이타적인 행동 자체는 나무랄 데가 없지만 그 동력이 상처받은 자아의 강박적인 타인지향성인지, 건강한 자아의 자발성인지 살펴볼 필요가 있다.

＼　**민감한 사람들의 힘**

눈치 보는 사람들에 대한 또 다른 관점은 이들이 공감능력이 높고 타인보다 더 민감한 사람이라는 입장이다. 타인에게 지나치게 지배당하지 않는다면 타인을 섬세하게 살피는 사람으로 생각해볼 수 있다. 카를 융은 이러한 민감성이 인격을 풍성하게 만드는 요인이 된다고 했다. 최근에는 긍정적인 측면으로서의 민감성에 대한 연구가 이루어지고 있다. 연구에 의하면 민감한 사람들은 비정상적이고 어려운 상황에서만 혼란을 겪을 뿐 보통의 상황에서는 오히려 강점을 보인다. 심리학계에서 '민감함'의 문제를 집중적으로 다룬 일레인 아론은 모든 사람이 민감한 성향을 가지고 있으며 10명 중 2명은 극도로 민감한 성향의 소유자라고 분석했다. 아론은 자신의 소심함과 내성적인 성격이 민감성에 대해 문제를 제기하는 계기가 되었다고 고백했다.

민감성을 지닌 사람들은 상대방의 이야기에 깊이 공감할 수 있다. 《센서티브》의 저자 일자 샌드는 민감한 사람들에게는 성능이 뛰어난 안테나가 있다고 말한다. 의식적으로 타인의 눈치를 보는 것이 아니라 주변에서 일어나는 일을 자동적으로 쉽고 명확하게 감지한다는 것이다. 그래서 다른 사람들의 기분에 쉽게 영향을 받고 상처를 받을 수도 있다. 때로 남의 고통을 자신의 고통과 분리하지 못해 감정에서 빠져나오지 못하는 경험을 하기도 한다. 그래서 타인에 민감한 사람일수록 자신을 돌보는 방법을 배우는 것이 중요하다고 조언한다. 자신이 느끼는 것을 적절히 조절할 수 있다면 오히려 그 능력은 강점이 될 수 있다. 특히 남을 돌보고 돕는 직업에서 어느 누구보다 강력한 힘을 발휘할 것이다.

이렇게 특별한 능력을 가졌는데도 왜 A씨는 자신을 한심하게 여기는 것일까? 연구자들은 민감한 사람들 중에 자존감이 낮은 사람이 많다는 데 주목하며, 그것은 지금 이 시대의 문화가 외향성에 더 큰 가치를 부여하기 때문이라고 진단한다. 민감한 사람 중에는 남들이 기대하는 '활기 넘치는' 모습을 갖추기 위해 평생 고군분투하는 사람들이 많다. 또는 지나치게 남을 신경 쓰고 감정을 이입하는 자신을 '쿨하지 못하다'고 비난하곤 한다. 겉으로 사교적이고 활발한 모습을 보이는 사람들도 내면에는 민감성을 품고 있을지 모른다. 이들은 단지 타인과 잘 어울리기 위해 자기 자신을 바꾸려 노력해온 것이다. A씨 또한 자신의 모습이 사회적 기준에 어긋난다고 느끼면서 자신을 비판하게 된 것은 아닐까. 만약 그렇다면, 높은 기준을 세우는 것으로 낮은 자존감을 보상받으려 하고 있지는 않은지 점검해보아야 한다. 이러한 악순환은 자아의식에 부정적인 영향을 미쳐 그녀의 내면을 자꾸 움츠러들게 하기 때문이다.

결국 A씨가 다룰 문제는 눈치 보는 태도 자체가 아니라 그러한 자신을 한심하게 여기는 부분이다. 주위 사람들에 귀

를 잘 기울이고 섬세하게 공감하면서도 정작 자기 자신을 비난하고 있다면 A씨를 이해하는 일은 과연 누가 해줄 것인가. 나를 인정해주고 나의 이야기를 들어주는 유일한 사람이 있다면 그것은 바로 자기 자신이다. 눈치 보는 성격을 자기비난의 근거로 삼는 대신, 주의를 자신의 내면으로 돌려보는 것은 어떨까. 그리고 자신의 민감성에 대한 가치를 스스로 인정해준다면 타인과의 관계에서도 더 자연스럽게 민감성이 발현될 수 있을 것이다.

＼ 있는 그대로의 모습으로 존중받기

눈치챘을지 모르겠지만, A씨는 나의 모습이다. 나는 눈치 보는 성격이 한심하게 보일까 봐 태연한 척, 당당한 척하는 데 탁월한 연기를 펼치곤 했다. 내면에서는 늘 사람들의 표정과 말 하나하나를 민감하게 살피고, 저 사람이 뭔가 불만이 있지는 않은지 초조해하고 불안해했다. 그러던 어느 날 사람들을 만나고 집으로 돌아오는 버스 안에서 문득 생각했다. '나는 어떤 사람이지?' '어쩌면 나는 내 모습을 잃고 있는지도 몰라.' 그리고 변해야 한다고 판단했다.

시간이 지나 그나마 자연스러운 모습을 찾을 수 있게 된 것은 아주 단순한 사실 때문이었다. 누구나 타인의 기대에 부응하지 않아도 충분히 존중받고 사랑받을 가치가 있는 사람이라는 것. 이 자명한 사실은 세상의 모든 사람에게 똑같이 적용된다. 그럼에도 나처럼 많은 이들이 이 사실을 놓치고 있다. 무언가를 이루어야만, 가져야만, 혹은 타인에게 무언가를 제공해야만 내가 존중받을 수 있다고 믿는 것이다.

물론 깨닫기 위해서는 상당한 용기가 필요했다. 직접 나의 목소리를 내어보아야 했기 때문이다. 그리고 내 목소리를 듣는 것에 익숙해져야 했다. 타인들을 살피던 만큼 나 자신에게 눈과 귀를 열었다. 그리고 나의 의견을 솔직하게 말하면 비난받을지도 모른다는 불안에도 불구하고 차분하게 말해보기 시작했다. 그래야 정말 괜찮은지 아닌지 직접 확인할 수 있다. 혹은 누군가 나를 싫어하더라도 그것이 내가 살아가는 데 큰 걸림돌이 되지 않는다는 것을 경험해보아야 했다. 그런 시도들은 상당히 효과적이었다. 적어도 남들이 보는 나와 실제 나 사이의 간격이 좁아진 것은 확실했기 때문이다. 어렵고 오래 걸리는 일이지만 충분히 해볼 만한 가치가 있다.

서두에서 말한 것처럼 눈치 보는 성격은 과거의 자신이 처한 환경에 적응하는 생존법이었을지 모른다. 이제는 자신을 위해 새로운 생존법을 터득해야 한다. 타인보다 더 민감할 수는 있지만 자신을 망각해서는 안 되기 때문이다. 타인에게 맞추기 위해 내 목소리를 잃는다면 자신의 민감성이 가진 가치가 드러날 기회도 잃을 것이다.

자신을 망각한 타인지향성이 아닌, 민감성의 부드러운 힘을 믿어보자. 가끔은 거절도 하고, 애써 웃지 않아도 당신은 여전히 사랑받을 가치가 있는 존재다.

나에게
너그러워지기

갑자기 그냥 제가 너무 한심하고 바보 같은 날이에요. (중략) 오늘 하지 못한 공부들은 날 찔러대고, 다이어트는 치킨 앞에서 내일로 미뤄지고, 또 자책의 굴레로 이어진 오늘은 그런 날이었어요. 말해주세요. 저만 이렇게 바보 같은 날이 있는 게 아니죠?

_〈K대 대나무숲〉 페이스북 페이지에서

요즘 SNS에서 활성화되고 있는 '대나무숲'이라는 공간은 일종의 익명게시판이다. 학생들이 오프라인에서 쉽게 털어놓지 못하는 은밀한 얘기들을 털어놓는 장이다. 많은 대학의 온라인 커뮤니티에 이러한 게시판이 만들어져 있다. 이 글을 쓴 학생은 자신을 자책하면서도, 또 그러면 안 된다는 생각을 가진 모양이다. 공감을 많이 받은 것을 보니 많이들 이런 생각을 하는 듯하다. 남 얘기 같지 않아서 마음이 시큰거렸다. 나 또한 얼마나 자주 나 자신을 자책의 굴레에 밀어 넣었던가.

최근에 명상을 배우면서 내면에서 일어나는 일을 지켜보는 시간을 많이 갖고 있다. 길을 가다가도, 잠들기 전에도 내 안의 생각과 감정을 '알아차림' 하는 것이다. 알아차림은 일종의 명상법인데, 마음이 향하고 있는 곳에 주의를 기울이면서 나를 좀 더 객관적으로 관찰하는 행위다. 그러면서 나는 스스로를 자주 자책하고 한심하게 여긴다는 것을 알게 되었다. 마치 엄마가 어린아이의 잘못된 행동을 꾸중하듯이 자신을 혼내고 있었다. 그러면서 문득, 내가 이유 없이 불안감에 휩싸이는 것은 무의식적으로 내 안의 감독관이 나를 평가하고 채찍질했기 때문은 아닐까 생각했다. 무서운 사감선생님 앞에서 부들부들 떠는 모습이 내 불안의 실체였을지도 모른다. 아이러니하게도 그 사감선생님은 다른 누구도 아닌 나 자신이었고.

＼　자기 자신을 혼내는 습관

작가 김형경의 심리에세이《만가지 행동》에는 '충탐해판'이라는 단어가 나온다. 충고, 탐색, 해석, 판단의 앞글자를 딴 단어인데, 우리가 일상적으로 타인을 대할 때 뒤따르는 인지적 습관이다. 사람들은 저마다 각자의 기준으로 타인을 판단하고 평가하며 살아간다. 사람 자체에는 좋고 나쁨이 없음에도 불구하고 자동적으로 그런 분류작업이 일어난다. 그렇게 해야만 내가 안전하다고 느끼는 불안감이 존재하기 때문이다. 마치 내가 내 안의 사감선생님을 깨달은 것처럼, 저자 또한 자신이 하는 말을 들여다보면서 온통 충탐해판의 언어였다는 것을 알아차릴 수 있었다. 저자는 일상에서 이러한 충탐해판의 언어를 알아차리고 제거하는 데 오랜 시간을 소요했다. 자동적으로 일어나는 생각을 없애기란 그만큼 어려운 일이기에 당연히 긴 시간을 들여야 했을 것이다.

나는 무의식적으로 스스로를 향해 던졌던 충탐해판의 언어들을 돌이켜보았다. 자신의 태도나 행동, 생각, 감정에 대해 있는 그대로 받아들이기보다는 엄격한 타인이 나를 평가하듯 해석하면서 좋고 나쁨을 분별하지는 않았는지 살펴보았다. 그 중에서도 특히 끝없는 자기비하로 자신을 함부로 대하지는 않았는지 생각해보았다.

이를테면 이런 문장들이다. "아, 나 또 왜 이래." "나 진짜 바보인가 봐." "나 왜 이렇게 멍청하지?" 왠지 자신의 머리를 한 대 쥐어박는 모습이 연상되는 이런 말 가운데 사람들 보기에 민망해서 했던 말들도 있지만 대부분은 습관처럼 내뱉은 말이었다. 이는 비단 나만의 문제가 아니다. 상당히 많은 사람들이 자기비하에 쉽게 빠진다. 주위 사람들에게는 너그러운 반면 자신에게는 유난히 야박하게 구는 사람도 있다. 얼마나 많은 순간 자신을 한심하게 여기고 비난했는지 자신에게 했던 말들을 곱씹어보면 알 수 있을 것이다.

＼ 누가 나를 불안하게 만들까

죄책감과 무가치함을 포함하는 자기에 대한 가혹한 평가를 심리학에서는 '자기비난self-criticism'이라고 한다. 의식적 또는 무의식적으로 나를 꾸짖는 이러한 태도는 불안감을 높이며 우울과도 밀접한 관련이 있다. 한 연구에 의하면 자신에 대한 긍정적인 평가가 낮을수록 불안을 더 강하게 예측한다고 한다. 또 자기를 비난하는 사람은 일상에서 스트레스가 높고, 우울과 불안 외에도 부정적인 정서와 관련이 높다. 특히 사회불안 환자들을 살펴보면 자기비난 성향이 높다는 것을 확인할 수 있다. 이뿐만 아니라 자신을 비난하는 경향이 높은 이들은 대인관계에서도 만족감이 낮고 자신의 의견이나 감정을 솔직하게 표현하지 않으려는 경향이 있다.

이러한 연구결과들로 미루어보아 나를 불안감이나 우울감에 빠뜨리는 것은 다른 누구도 아닌 나 자신일 수 있다. 우리는 왜 이렇게 엄격한 잣대로 자신을 괴롭히는 것일까. 텍사스대학의 크리스틴 네프 박사는 사람들이 스스로에게 관대해지려 하지 않는 주된 이유에 대해 '행여 방종에 빠지지 않을까 두렵기 때문'이라고 해석한다. 엄격한 자기비판을 통해서만 스스로를 규율하고 통제할 수 있다는 뿌리 깊은 사회적 인식이 작용하는 탓이라는 것이다. 그는 또한 우리 문화는 스스로를 닦달하고 규율하는 것이 바람직하다는 고정관념에 젖어 있다고 지적했다. 실제로 많은 사람이 자신이 흐트러질까 봐 염려하며 살아간다. 성과주의 문화에 살면서 자기를 비난하지 않기란 힘들다. 이것도 잘해야 하고 저것도 잘해야 하기 때문이다. 적당히 살면 남들보다 뒤처질 것만 같은 곳이 요즈음의 한국사회다. 이런 곳에서는 평균치만 하려고 해도 스스로를 끊임없이 채찍질하지 않을 수 없다.

사회가 정해준 규정들이 있어요. 장남이란, 학생이란, 20대에는, 30대에는, 부모는, 이런 규정들이 있어요. 그런 것들은 모두 편견이고, 사람에게 심리

적 폭력이며 족쇄예요. (중략) 하지만 마음은 오로
지 '나'예요. 내가 내 마음을 지지해줘야 해요. 너
무 힘든 상황에 놓여 있어도 그것이 정답이라고 생
각하세요. 내 감정, 내 마음은 내 것이니까요. 그것
을 따라가다 보면 지옥에서 빨리 나올 수 있어요.

___ 정신건강의학과 전문의 정혜신

정혜신 박사는 한 북토크에서 사회가 정해준 기준들을
모두 따르려 하는 것은 지옥으로 가는 것이나 다름없다고 말
했다. 사회로부터 받아들인 '이렇게 해야만 해'라는 태도는 나
를 지옥에 가둔다. 그런데도 우리는 엄격한 자기통제와 혹독
한 자기관리로 큰 인물이 된 사람들의 성공에 박수를 보내곤
한다. 과연 그것만이 정답일까. 그런 성공신화의 단면만 보고
개를 조련하듯 자신을 끊임없이 훈련시킴으로써 원하는 목표
에 다다를 수만 있다면 충분할까.

우리 모두가 '멘탈 갑' 김연아 선수처럼 될 수는 없다. 그
녀의 정신력과 연습량은 정말 대단하지만, 그것만이 옳고 그렇
지 않은 모습의 자신을 어리석다고 비난할 수는 없다. 운동선
수는 자신을 채찍질하고 통제하는 데 누구보다 익숙한 사람이
다. 목표가 명확하고 오랜 연습기간이 오직 시합날을 위한 것
이다 보니 유혹에 휩쓸리지 않게 자신을 통제해야 한다.

하지만 연구결과는 이런 운동선수들조차 자기를 혹독하게 다루는 자기비난을 거두는 게 더 도움이 될 것이라고 말한다. 때로는 경기에서 말도 안 되는 실수를 하거나 형편없는 플레이를 보여주더라도 그런 자신의 모습을 평가나 비판 없이 있는 그대로 인정하는 태도가 더 도움이 될 수 있다는 것이다. 자신을 비난하지 않고 있는 그대로 대해주는 태도가 '즐겁기 때문에 운동을 한다'는 내적동기를 유발하기 때문이다. 또한 결정적으로 실패나 평가에 대한 두려움으로부터 덜 영향을 받는다. 즉, 자기 자신을 엄격히 통제하고 비난하는 사람보다 그렇지 않은 사람이 불안에서 더 자유로울 수 있고, 그것이 결국 경기에서도 긍정적으로 작용한다.

위 연구에서 말하는 자신을 비난하지 않는 태도는 최근 심리치료분야에서 '자기자비self-compassion'라는 개념으로 연구되고 있다. 네프 박사에 따르면 자신에 대한 사랑과 연민이 삶의 질이나 심리적 기능에 매우 긍정적인 영향을 미친다. 자기자비적인 태도는 기본적으로 세 가지 요소를 포함한다. 첫째는 자신을 혹독하고 비판적으로 대하기보다는 친절함과 이해로 대하는 자기친절이다. 둘째는 자신의 경험을 독립적이고 분리된 것이 아니라 일반적인 인간의 공통경험의 일부로 보는 보편적 인간성이다. 마지막은 자신이 경험하는 고통스러운 생각이나 느낌을 자신과 과잉동일시하지 않고 균형 잡힌 자각을 유지하는 '마음챙김'인데, 마음챙김에 관해서는 다음 장에서 구체적으로 설명할 것이다.

자기자비는 긍정적인 방향으로 생각을 재구성하고 최악의 상황을 반전시키는 능력이 있기 때문에 스트레스에 대한 저항력을 키우는 데 도움을 준다. 또한 정신적으로 고통스러운 사건을 경험했을 때 느끼는 부정적 감정이나 정서를 조절하는 기능도 갖고 있다.

야구선수 박찬호는 텍사스에서 활동하던 당시에 허리가 아파서 부진했던 때가 있었다. 아무래도 좋은 성과를 내지 못하다 보니, 인정받을 때보다 자신에 대해 비관적으로 생각하게 되고 스스로를 미워했다고 한다. 하지만 명상을 통해 자신을 너그럽게 대하는 힘을 길렀다. 이는 자신에게 집중하고 외적인 문제에 초연하게 되는 효과를 가져왔다. 자기자비의 태도로 자신을 대할 수 있게 된 것이다. 부상에 대해서도 비관적으로 생각하기보다는 오히려 지금껏 잘 버텨준 것에 고마운 마음을 가졌다. 그는 자신에게 엄격했던 과거를 떠올리며, 아마 그 당시 부상당한 부위는 자신에게 '정작 내 편은 안 들어주고, 애먼 편만 들어줬다'고 생각했을 것 같다고 말한다. 나는 이 말이 무척 마음에 든다. 자기비난은 결국 내가 내 편이 되어주지 않는 문제다. 반대로 자기자비의 태도는 내가 나를 지지해주고 내 편이 되어주는 것이다.

앞서 네프 박사는 사람들이 스스로 관대해지지 않는 이유가 방종에 빠질까 봐 염려하기 때문이라고 하였는데, 자기자비는 방종이나 게으름과는 다르다. 또한 자신에 대한 기대 수준을 낮춰버리는 것과도 혼동해서는 안 된다.

흔히 '자신에게 관대한 사람은 발전할 수 없다'고 말한다. 자신에게 엄격하고 타인에게 관대하라는 말도 우리가 자주 듣는 말이다. 그 문장이 의도하는 관대함과 자신에게 자비롭게 대하라는 말은 엄연히 차이가 있다. 자기자비는 학자에 따라 자기연민으로 해석되기도 하는데 이는 '자비'가 자애와 연민의 뜻을 포함하기 때문이다. 즉 엄격함의 반대말로 해석하기보다 친절함이나 사랑과 연결 짓는 것이 더욱 적절하다.

내가 나를 대하는 태도에 대해서는, 나를 믿어주는 편이 있는 사람과 없는 사람을 생각해보면 된다. 친구나 애인을 생각해도 좋고 가족을 생각해도 좋다. 자신을 응원해주는 사람은 하나 없이 언제나 다그치기만 하는 사감선생님과 독대하면서 어떻게 힘을 낼 수 있을까. 가수가 공연을 할 때 환호해주고 응원해주는 팬들을 보면서 더 힘을 내는 것은 또 어떤가.

흥미로운 사실은 자신에게 너그러운 태도가 건강개선과 체중조절에도 영향을 준다는 점이다. 과체중이거나 운동 때문에 스스로 책망하는 사람들은 목표를 달성하지 못할 가능성이 높다. 하버드 의과대학 심리치료전문가인 진 페인은 다이어트와 체중감량 플랜에서 빠진 필수 구성요소가 바로 자기자비라면서 "대부분의 계획이 자기규율을 중심으로 짜여 있기 때문에 변화에 대한 동기부여를 제공하지 못하고 따라서 성공률이 낮아진다"고 설명하고 있다. 우리가 새해다짐에 '운동' 혹은 '다이어트'라고 써놓고 한 달을 채 달성하지 못하는 이유가 여기에 있다. 운동을 하루라도 빠뜨린 날에는 '어쩐지 요 며칠 잘 버틴다 했어'라면서 스스로 한심하게 여기니까 말이다.

습관적으로 자신을 평가하고 한심하게 여기던 사람이 갑자기 친절과 사랑을 베풀기는 어렵다. 그만큼 우리는 자신을 통제해야 한다는 생각에 익숙해져 있기 때문이다. 하지만 이상의 연구결과처럼 자신을 대하는 태도가 마음과 육체의 건강을 좌우한다. 자신을 엄격하게 다루면서 원하는 바를 이루어갈 수도 있고 반대로 스스로 용기를 북돋우며 성장해나갈 수도 있다. 다만 박찬호가 말한 것처럼 정작 내 편은 안 들어주고 애먼 편만 들 것인지 아닌지는 선택의 문제다.

두렵다고
말할 수 있는 용기

청소년기의 나는 감수성이 예민했기 때문인지 기분을 민감하게 느끼고 감정 변화를 세심하게 살폈다. "불안해"라는 말을 자주 썼던 건 그만큼 내 마음에 주의를 기울였다는 뜻일 것이다. 나중에 공부를 하면서 알게 되었지만 감정을 언어로 표현했던 것은 잘한 일이었다. 그리고 마음을 들여다보는 시간을 가진 것도 내게는 도움이 되었다. 이는 실제로 심리학에서 감정을 다루는 방법으로 제안하기도 하는 '감정 라벨링'이다.

\ 감정라벨링과 메타무드

'정서 명명하기'라고도 하는 감정라벨링affect labeling은 자신이 느끼는 감정에 이름을 붙이는 것이다. 내가 '불안해'라고 말하는 것처럼 마음에 일어나는 일들을 언어화하는 것이다. 별것 아닌 것 같지만 이는 자신의 감정을 부정하거나 억압하지 않고 있는 그대로 인정해주는 역할을 한다. 언어를 사용하는 것은 이성적인 활동이다. 이름을 붙이면 감정은 본능의 영역에서 이성의 영역으로 옮겨간다. 이때 뇌 속에서는 사령관 역할을 하는 전전두엽과 부정적 감정을 담당하는 편도체의 통로가 회복된다. 전전두엽이 브레이크 역할을 하면서 편도체가 지나치게 활성화되지 않도록 하는 것이다.

신경과학 분야의 권위자인 매튜 리버먼은 감정라벨링이 부정적인 감정에는 더욱 효과적이라고 하였다. 우는 아이에게 "울지 마, 뚝 그쳐!"라고 다그치는 것보다 "많이 속상했구나. 서러웠구나"라고 아이의 마음을 읽어주면 충분히 울면서 감정이 사그라드는 것과 같다. 아이가 감정을 억압하지 않고 자연스럽게 정화할 수 있기 때문이다. 이렇게 누군가 알아주기만 해도 진정이 될 수 있기 때문에 스스로 감정을 인정해주는 역할을 하는 감정라벨링은 효과적이다.

군이 언어화하지 않더라도 이렇게 자신의 정서를 인식하는 일은 마음을 다루는 데 상당히 중요하다. 감정을 객관적으로 바라보는 것이기 때문이다. 감정의 소용돌이 안에 있으면 그 감정을 제대로 볼 수 없다. 마치 미로 속에 있으면 내가 어딘지 정확히 알 수 없지만 멀리서 전체적으로 바라보면 어디쯤인지 파악할 수 있는 것과 같다. 격한 슬픔 속에 있을 때는 감정과 내가 분리되지 않고 '슬픔=나'의 상태이기 때문에 자신이 어떤 감정을 느끼는지 알 틈이 없다. 감정도 거리를 두고 떨어져서 보면 객관적으로 인식이 가능하다. 이처럼 한 걸음 떨어져서 자신이 어떤 감정을 느끼고 있는지 인식하는 것을 '메타무드meta-mood'라고 한다.

주체할 수 없이 화가 났던 순간을 떠올려보자. 순식간에 분노가 내 마음과 몸 전체를 압도한 기분이다. 심장은 쿵쾅거리고 몸이 부르르 떨리는 신체반응도 따른다. 통제할 수 없는 상태다. 감정의 소용돌이 안에 있기 때문이다. 한 걸음 물러나서 감정을 인식하고(메타무드) '나는 너무 화가 나서 통제가 안 되는 상태야.' '분노지수가 상승해서 심장이 쿵쾅거리고 손이 떨려'라는 식으로 언어화하면(감정라벨링) 훨씬 다루기가 수월해진다. 이 작업을 통해 감정과 내가 분리되고 전전두엽은 브레이크 페달 역할을 해줄 것이다.

＼ 최악의 시나리오라는 함정

감정을 어떻게 표현하는가의 문제는 마음을 다루는 일과 뗄수 없는 관계다. 어떤 감정을 느끼느냐보다 그것을 어떻게 표현하느냐가 더 중요하다고도 할 수 있다. 마음에서 떠오르는 것들은 막을 수 없지만 어떻게 표현하는지는 우리가 충분히 선택할 수 있는 부분이기 때문이다. 감정이 떠오르는 것은 본능의 영역이다. 불필요한 감정이라고 회피하거나 억압한다고해서 해결되는 것이 아니다. 오히려 감정을 이해하고 다루는 연습을 하는 것이 현명한 방법이다. 불안감도 마찬가지다. 내안의 두려움을 인식하는 것뿐만 아니라 어떻게 표현하는가는 불안을 다루는 데 핵심적인 문제다.

임상심리학자 로버트 마우어는 오랜 기간 두려움에 대해 연구한 결과물을《두려움의 재발견》이라는 책에 담았다. 그는 우리가 두려움을 느낄 때 보이는 잘못된 반응들이 오히려 상황을 악화시킬 수 있다고 지적하면서 잘못된 반응을 우울증, 분노, 협상, 불평, 먹기, 걱정, 약물의존 등 크게 일곱 가지로 정리한다.

이 중에서 특히 분노는 우리가 두려움을 느낄 때 가장 쉽게 나오는 반응이다. 분노는 건강에 해로울뿐더러 근본 문제인 두려움을 완화해주지도 못한다. 그런데도 우리는 내면의 두려움을 인지하지 못한 채 분노로 표출하곤 한다. 어린아이는 자기를 어린이집에 맡기고 출근하는 엄마에게 소리를 지르고 떼를 쓴다. 엄마와 분리되는 것이 두렵기 때문이다. 연인이 모임에 자주 나가는 것에 화를 내는 건, 더 매력적인 상대에게 마음을 뺏길까 하는 두려움이 무의식 속에 있어서인지도 모른다. 불합리한 사회에 대한 분노는 그 사회에서 실패하거나 뒤처질지도 모른다는 불안감을 내포한다.

이처럼 분노는 그 뿌리가 두려움인 경우가 상당히 많다. 그래서 분노가 숨기고 있는 두려움을 알아차리는 일은 무척 중요하다. 이 두려움이 솔직하게 표현되지 않고 분노로 표현됨으로써 서로 오해를 불러일으켜 관계가 악화될 수 있기 때문이다. 그러면 그 관계에서 또 마음에 상처를 입는 악순환이 반복될 뿐이다.

주말에 자신과 만나지 않고 친구들과 여행을 간다고 하는 애인에게 "허구한 날 친구들이랑 붙어 다니냐!"며 화를 내기보다는 "네가 나를 친구들보다 소중히 여기지 않는 것 같아서 불안하다"는 진심을 전할 수 있다면 대화는 어떤 방식으로 흘러갈까. 적어도 상대가 자신을 구속한다고 오해하거나 큰 싸움이 되는 일은 없을 것이다. 자신의 불안을 알아차릴 수 있도록 기회를 마련해주었기 때문이다.

'걱정하기' 또한 우리가 주로 사용하는 반응이다. 걱정은 두려움을 마주보는 대신 머릿속으로 끊임없이 되새김질하며 상처를 입게 한다. 문제는 이 걱정에 대처할 행동을 하지 않는다는 것이다. 걱정 때문에 미리 대비하고 준비하는 것은 효과적일 수 있지만, 해결책이 없는 걱정이나 실행이 동반되지 않는 걱정은 두려움을 더욱 자극할 수 있다.

마우어가 언급한 일곱 가지 반응 이외에 우리가 두려움을 증폭시키는 또 하나의 방식이 있다. 그것은 '최악의 상황을 상상하는 것'이다. 미래를 상상하는 능력은 인류가 앞을 내다보고 대비하고 창조하는 데 큰 역할을 하였다. 현대의 발명품들은 모두 사람들의 상상 속에서 시작되었다. 하지만 이와 더불어 미래를 가장 비극적으로 상상할 수 있는 능력도 동반되었다. 리사 랜킨은 저서 《두려움 치유》에서 '최악의 시나리오라는 함정'의 한 사례로 자신이 치료한 여성의 이야기를 소개한다. 그녀는 좋아하는 사람과 1년 넘게 사귀고 있었다. 그런데 그녀의 마음속은 이런 생각들로 가득 차기 시작했다.

그 사람을 너무도 사랑해. 그래서 이런 감정이 얼마나 위험한지 견딜 수 없어. 내가 우리 사이를 엉망으로 만들어서 그 사람의 사랑이 식어 나를 버리면 어쩌지? 나보다 매력적인 여자가 그 사람을 빼

앗아 가면? 그 사람이 내 진짜 모습을 보고 내가 살짝 신경과민이란 걸 알면 어떡해! 조심하는 게 좋겠어. 그것만은 말하지 않는 게 좋겠어. 말하면 떠날지도 몰라. 그 사람이 병에 걸리면 어쩌지? 행여나 먼저 죽으면? 이건 너무 위험해! 그 사람을 잃으면 난 견딜 수가 없어. 그를 덜 사랑해야겠어. 나를 떠날 때를 준비해야 해. 반드시 그럴 테니까. 이런 감정에 너무 빠지면 안 돼. 조심하는 게 낫겠어. 그러면 상처를 입더라도 별일 없을 거야.

    — 리사 랜킨,《두려움 치유》중에서

최악의 시나리오를 그려보는 일은 결국 그녀와 연인의 관계를 망쳤다. 최악의 상황을 그려보는 것이 함정이 되는 건 연인 관계만은 아니다. 비행기가 추락할지도 모른다는 상상으로 비행기를 절대로 타지 않는 사람도 있고, 초등학생인 아들이 혹시나 납치라도 되면 어떡하나 하는 상상 때문에 친구들과 밖에서 노는 일도 지나치게 통제하는 엄마도 있다. 이들은 비극적인 상황까지 상상하면서 어떻게든 대비하고 싶어 한다. 이러한 대비는 실제로 두려움을 줄여주는 전략이 될 수 있다. 하지만 머릿속으로 그려낸 비극적인 미래들을 감당하느라 현재 누려야 할 것들을 놓쳐버리기도 한다. 습관적으로 최악의 상황을 그려내면서 매 순간을 불안으로 뒤덮어버리는 것이다. 브레네 브라운 교수 또한 이에 대해 '비극 연기를 위한 드레스 리허설dress rehearsing tragedy'이라고 이름을 붙였다. 최악의 미래만 상상하다가 결국 모든 순간이 리허설이 되어버리고 마는 상황을 경계한 것이다.

＼　마음의 고요함을 되찾는 방법

그렇다면 분노로 표출하거나 매 순간 최악의 상황만 그려내지 않고도 불안을 다룰 수 있는 방법은 없을까. 운동선수들에게 힌트를 얻을 수 있을 것 같다. 올림픽에 출전하는 국가대표 선수들을 보면 결과와 상관없이 저들이 엄청난 긴장감과 압박감을 어떻게 감당하고 있는지 궁금할 때가 있다. 실제로 선수들은 몸을 훈련시키는 연습만큼이나 멘탈 트레이닝에 상당한 노력을 기울인다. '잘해야지' '절대 실수하지 말아야지'라는 강박과 긴장감은 오히려 몸을 경직되게 한다. 반대로 마음을 비워 평상심을 유지할 때 평소와 같은 실력을 발휘할 수 있다. 하지만 전 국민의 기대를 한 몸에 받는 세계대회를 앞두고 마음을 비우기가 어디 쉬운 일일까. 일반인이 평소 느끼는 것보다 훨씬 높은 불안감을 느낄 것이다. 따라서 선수들은 저마다 자기에게 맞는 방법으로 마음을 가다듬는다. 박태환 선수가 경기 전에 음악을 듣는 것은 경기장의 분위기에 압도되지 않고 평상심을 유지하는 방법이다. 김연아 선수가 경기 직전에 성호를 긋는 것은 최선을 다해 훈련해왔으니 이제 결과를 하늘의 뜻에 맡기고 받아들이겠다는 뜻일 것이다. 그래서인지 그녀는 늘 담담하게 경기를 치러냈다.

또 운동선수들이 마음을 관리하는 대표적인 방법 중 하나로 명상이 있다. 미국의 수영선수 마이클 펠프스는 어렸을 때 주의력결핍과잉행동장애ADHD가 있을 정도로 차분함과는 거리가 멀었다. 그런 그가 2016년 리우올림픽에서 역대 최다의 메달을 따기까지는 물론 엄청난 훈련도 있었지만 평정심을 유지하기 위한 명상 연습이 있었다고 전해진다. 그는 단순한 트레이닝으로서의 명상이 아닌, 일상에 명상을 들여와서 마음의 습관을 바꾸었다.

앞서 감정라벨링을 설명할 때 언급했던 연구자 매튜 리버먼은 명상을 하는 사람들이 감정을 조절하는 뇌 기능이 뛰어나다는 것을 발견했다. 명상은 동양에서 시작되었지만 서양에서 연구를 통해 과학적 근거가 뒷받침되면서 전 세계적으로 보편화되었다. 구글의 창립 멤버였던 차드 멩 탄 또한 그 보편화에 큰 몫을 한 인물이다. 원래 엔지니어였던 그는 명상을 통해 개인적인 변화를 경험한 후 스탠퍼드대 뇌과학자들과 심리학자, 선승들과 함께 현대인이 쉽게 할 수 있는 명상법을 개발했다. 현재는 구글의 사내 명상교육가로 활동하고 있다. 그의 구글 명상프로그램은 직원들의 스트레스 관리에 효과적이었고 기업의 높은 생산성으로 이어졌다. 이후 구글뿐만 아니라 애플, 골드만삭스 등에서도 명상시간을 도입하였고 2017년 현재 미국 내 기업의 44%까지 확대되었다.

흔히 마음을 바다에 비유하곤 한다. 겉으로 보면 파도가 심하게 칠 때도 있고 잔물결이 일 때도 있지만, 높은 파도가 칠 때조차도 바다 깊은 곳은 아주 고요하다. 고요한 마음이 바로 마음의 기본 상태이다. 우리가 그 본래의 마음으로 되돌아가기만 하면 마음의 안정을 찾을 수 있다. 차드 멩 탄은 평온하고 청명한 마음을 되찾으면 자연스럽게 행복을 느낄 수 있다고 말한다. 그는 마음의 기본 상태를 행복으로 본 것이다. 그래서 우리가 할 일은 단지 마음의 고요함으로 되돌아갈 수 있도록 명상을 하는 것이라고 말한다. 흔히 '명상'이라고 하면 어렵게 생각될뿐더러 종교색이 느껴져 거리감이 들기도 한다. 하지만 굳이 오랜 시간 수행하지 않아도 일상에서 어렵지 않게 적용해볼 수 있다. 그저 마음의 습관을 바꾸는 일이라고 생각하면 된다.

특히 '마음챙김mindfulness'은 일상에서 자연스럽게 흡수하기 좋은 명상법이다. 우울증, 불안, 만성통증의 완화에 효과적이라는 것이 확인되면서 현재는 의학적으로 다양한 분야에서 활용되고 있다. 그렇다고 아주 거창한 명상법은 아니다. 미얀마의 한 명상지도자는 마음챙김의 본질이 '자연스럽게 나타나는 현상들에 대해서 마음을 챙기고 관찰하는 것'이라고 하였다. 앞서 감정라벨링의 기능이 그러했던 것처럼 단지 내 마음에 주의를 기울이고 관찰하는 것의 일종이다. 의학교수이자 '마음챙김에 기초한 심리치료' 개발자인 존 카밧진John Kabat-Zinn은 마음챙김 명상에는 공식적인 방법과 비공식적인 방법이 있다고 설명한다. 비공식적인 방법이 바로 마음챙김을 우리가 깨어 있는 동안 삶의 모든 측면으로 흘러들어오게 하는 것이다. 그의 표현에 의하면 '알아차림 혹은 깨어 있음으로 사는 것'이다. 수행이 아닌, 마음의 태도로 명상을 받아들이면 내가 지금 무엇을 하고 있는지 아는 것처럼 내 감정에 대해서도 늘 알아차릴 수 있다.

심리학자 대니얼 골먼은 명상의 첫 번째 깨달음이 '대상과 그것을 바라보는 마음이 별개임을 깨닫는 것'이라고 하였다. 그러면 감정과 동일시되지 않고, 한 발짝 물러나서 감정을 객관적으로 다룰 수 있기 때문이다. 이렇게 감정과 나 사이에

간격을 두면 두려움으로 인해 하루 종일 걱정만 하는 일도, 불필요하게 분노하는 일도 줄어들 것이다.

　마음의 표면은 변화무쌍하지만 그것은 말 그대로 표면이고 흘러가는 것이다. '모든 것은 지나갈 것이다'라는 말처럼 우리의 감정 또한 잠깐 머물렀다 지나가버린다. 우리의 감정, 기분, 생각, 경험들을 모두 흘러가는 것으로 받아들일 수만 있다면 불안을 마주하는 것도 표현하는 것도 한결 편안해질 것이다.

마음이 불안할 때는
몸을 써보세요

마음을 훈련하는 방법은 여러 가지가 있겠지만 전문가들은 크게 명상, 운동, 요가, 심리치료를 제안한다. 그중에서 운동이 우울을 예방하거나 스트레스를 해소하는 데 효과가 있다는 사실은 여러 매체를 통해 잘 알려졌다. 그만큼 몸을 움직이는 것은 심리적인 상태와 관련이 깊다. 같은 맥락으로 유추해보면, 우리가 불안감에 가장 압도되는 장소는 침대다. 몸을 쓰지 않고 가만히 혼자 누워 있을 때 걱정과 불안에 취약해진다는 상징적인 의미다. 걱정이 많은 사람들의 특징 중 하나는 실행력이 낮다는 것이다. 반대로 실행력이 높고 행동이 앞서는 사람들은 전자보다는 불안이 덜하다.

＼　가만히 있으면 불안은 더 커진다

걱정과 불안이 높으면서 실행력이 낮은 경우의 진짜 문제는 악순환을 반복한다는 것이다. 무언가를 시도하기 전에 생각을 많이 하기 때문에 걱정이 많고, 과도한 걱정은 또 행동을 지연시킨다. 행동을 하지 않고 가만히 있으면 상념이 쏟아져서 다시 불안을 느끼게 된다.

　　미국의 치유심리학자 브렌다 쇼샤나는 자신의 책에서 걱정의 원인과 해결책에 대해 언급하였다. 그의 설명에 의하면 걱정 많은 사람들의 99%가 '생각중독자'이며 걱정이 성공을 방해하는 요소가 될 수 있다. 걱정이 많은 사람이 성공과 멀어지는 이유는 상당히 설득력 있게 다가온다. 그중 세 가지만 소개해보겠다. 첫째, 소심하고 무기력하다. 걱정하느라 안절부절못하는 모습이 남들 눈에 한심해 보일까 봐 신경이 쓰이고, 또 무슨 일이든 '어차피 안될 텐데'라는 생각이 전제되기 때문이다. 둘째, 행동이 느리다. 완벽히 준비되지 않으면 시도를 하려 하지 않고 너무 많은 검토를 하기 때문이다. 셋째, 위험관리에 취약하다. 위험가능성에 대해 생각하느라 막상 닥친 위험에 제대로 대응하지 못하는 경우가 많기 때문이다. 이러한 이유들은 사회적 성과를 내는 데 확실히 불리하기 때문에 성공과 멀어진다는 것이 그녀의 설명이다. 쇼샤나와 같이 굳이 성공과 관련시키지 않더라도 과도한 걱정이 근심거리를 해소하는 데 큰 도움이 되지 않는 것만큼은 확실하다. 가만히 앉아서 두려움을 심화하거나 친구에게 걱정거리를 늘어놓는다 해도, 개선되는 것은 없기 때문이다.

친구가 치과치료를 받은 후에 통증이 너무 심해서 고생을 한 적이 있었다. 진통제도 들지 않아 몇 시간을 끙끙대며 누워 있었다. 그때 이웃에게서 연락이 와서 잠깐 만나 집 근처에서 수다를 떨었단다. 그런데 집으로 돌아오는 길에 한동안 통증을 잊었다는 걸 깨달았다. 집에서는 다시 치통에 시달려야 했지만, 바깥에 나가서 사람을 만나는 동안에는 잠시나마 견디기가 수월했다는 것이다. 사람을 만나고 활동을 하면 주의가 옮겨가서 통증이 덜해진다. 불안도 마찬가지다. 가만히 누워서 그 문제만을 곰곰이 생각하고 있으면 더 강렬하게 몰려온다. 그 생각을 떨치려고 해도 현재 주의를 끄는 다른 주제가 없기 때문이다. 걱정은 한번 빠지기 시작하면 꼬리에 꼬리를 물어 머릿속에서 좀처럼 사라지지 않는다. 아무것도 하지 않고 있다면 그 생각은 더 깊어질 수밖에 없다.

＼　통나무를 하나씩 내려놓으라

프랑스 작가이자 철학자인 볼테르는 건강에 좋기 때문에 행복해지기로 결심했다고 말했다. 우리가 불안을 다루어야 하는 이유도 마찬가지다. 건강과 직결되기 때문이다. 스트레스가 만병의 근원이라는 말처럼 심리적 문제는 육체적 건강에 직접적으로 영향을 준다. 그래서 병원에서는 환자들의 심리적 안정을 우선으로 여긴다. 미국에서는 200여 군데의 병원에서 우울증 환자를 치료하기 위한 보완적 조치로 호흡과 명상 기법을 사용했다. 그 결과 두 달 후에 불안 감소, 혈압 저하, 면역체계 보강이 나타났으며 타인에 대한 관심이 회복되는 효과도 나타났다. 심리적 안정을 위한 치료법이 결국 육체적 건강도 증진시킨 것이다.

그렇다면 불안에 압도되어 집 안에서 누워 있는 대신에 무엇을 하는 게 좋을까. 걱정거리는 끝이 없고 그 모든 것을 해결하기에는 엄두조차 나지 않는다. 막막하게 다가올수록 쉽게 생각하는 것이 좋다. 하버드대의 스리니바산 S. 필레이 교수에 의하면 우리가 저지르는 흔한 오류가 '불가능한 것'과 '어려운 것'을 같은 범주에 밀어 넣는 것이다. 이 때문에 두려움을 불러일으키는 상황에 대해 조치를 취하고 싶어도 옴짝달싹 못하게 된다. 우리 힘으로는 불가능해 보이기 때문이다. 이렇게 생각해보자. 통나무 500개를 등에 짊어지고 있을 때는 걷는 것이 불가능해 보이지만, 통나무를 하나씩 제거해감에 따라 불가능해 보이던 것이 조금 어려워 보이다가 점차 가능해 보이게 된다. 우리가 할 수 있는 일은 통나무를 하나씩 내려놓는 작업이다. 아주 쉽고 작은 행동을 하나씩 해나가며 좀 더 쉬운 일로 만드는 것이다. 그러면 두려움에 압도되어 막막하게 느껴지던 마음을 다루는 일도 설거지처럼 어렵지 않은 일로 변화해간다.

그러면 이제 통나무를 하나씩 내려놓듯 쉬운 방법을 찾기만 하면 된다. 우리 몸에는 두려움이 일으키는 스트레스 반응에 대한 천연해독제가 있다. 바로 몸의 '이완 반응relaxation response'이다. 하버드 의대 허버트 벤슨 교수는 이완반응이 교감신경계의 작동을 끄고 신경계의 이완 상태인 부교감신경계를 작동시키는 방식으로 두려움을 진정시킨다고 설명한다. 쉽게 말해 몸이 이완되면 스스로 치유되는 메커니즘이 작동하는 것이다. 하지만 두려움을 내버려두면 이 기능은 멈춘다. 즉, 몸과 마음이 이완될 때만 몸은 스스로 치유할 수 있다. 스트레스를 덜 받고 항상성 상태를 회복하기 때문이다. 그렇다면 해결책을 거의 찾은 듯하다. 몸을 이완시키기만 하면 된다.

＼ 몸으로 하는 심리치유

명상과 요가도 몸을 이완시키는 작업을 포함한다. 그런데 실제로 몸을 이완시키는 심리치유법이 있다. 소프롤로지sophrologie 운동법은 명상과 신체이완을 포함하는 치유법이다. 몸을 써서 마음을 다스리는 방법이라고 보면 된다. 원래 소프롤로지는 스페인의 정신과 의사가 서양의 근육이완법과 동양의 선·요가를 응용하여 고안하였다. 긴장과 스트레스를 완화하고 통증을 줄이는 데 효과적이어서 이후 산부인과 의사가 분만법으로 도입하였다. 국내에서도 이 분만법이 시행되고 있다.

출산이나 병원에서 사용되는 치료법으로서가 아닌, 일상에서 활용할 수 있는 소프롤로지 운동법을 활용해보면 좋다. 명상기법과 스트레스치료기법 등을 개발해온 플로랑스 비나이는《몸을 씁니다》라는 책을 통해 일상에서 쉽게 따라할 수 있는 소프롤로지 방법들을 소개했다. 총 121가지나 되지만 하나하나는 작고 쉬운 방법들이다.

예를 들면 아침에 기상하기 전에는 이런 동작을 권한다. 발가락 끝까지 다리를 쭉 뻗고 숨을 들이쉬면서 척추와 배가 몸 위쪽으로 늘어나는 것을 느낀다. 팔은 양옆으로, 그 다음엔 위쪽으로 쭉 뻗는다. 잠깐 숨을 멈추고 몸의 유쾌함을 느껴본다. 동작 중에 호흡을 깊게 들이쉬고 내쉰다.

컴퓨터 작업을 많이 하는 사람에게 유용한 동작은 목덜미 마사지와 어깨이완법이다. 우선 탁자나 책상 위에 양쪽 팔꿈치를 댄다. 그 다음 머리를 앞쪽으로 기울여, 양손 엄지손가락으로 목 양옆 근육을 눌러주고 점점 머리카락 밑을 향해 올라가면서 부드럽게 마사지한다. 목 근육의 이완이 느껴질 때까지 반복한다. 동작 중에는 목덜미와 머리에서 느껴지는 느낌과 변화를 주의 깊게 살핀다. 그러고 난 후 양손을 내리고 어깨를 내려뜨린다. 호흡과 함께 점차 어깨를 더 내려뜨린다. 이 동작 역시 깊은 호흡과 함께 한다.

머리를 많이 쓰는 사람일수록 몸을 움직여서 균형을 찾아야 한다. 몸을 의식적이고 습관적으로 이완시키는 연습을 하면 몸과 정신이 평형을 이룬다. 바쁜 업무 중에도 틈틈이 의식적으로 자신의 몸 상태를 살피는 것이 도움이 된다. 긴장 때문에 어깨가 올라가 있지는 않은지, 몸이 움츠러져 있지는 않은지 살피자. 의식할 때마다 깊은 호흡을 하면서 몸을 이완시킨다면 몸의 피로도 덜할 것이다. 그러면 마음의 안정을 찾는 일도 좀 더 쉬워진다.

많은 사람이 새해 첫 달에 여러 번 속았듯이, 무엇이든 한번 결심한 것을 꾸준히 실행하기는 쉽지 않다. 방법은 '작은 것'에서 시작해야 한다는 것이다. 몸을 쓰는 일도 마찬가지다.

당장 할 수 있는 일을 하되 작은 것을 하나씩만 실행하자. 그것만으로도 충분히 마음을 다루는 데 힘이 될 수 있다. 미국의 철학자이자 심리학자인 윌리엄 제임스는 "생각이 바뀌면 행동이 변하고, 행동이 바뀌면 습관이 변하며, 습관이 바뀌면 성격이 변하고, 성격이 바뀌면 인생이 변한다"라고 했다. 습관을 만드는 가장 쉬운 방법, 즉 무언가를 꾸준히 실천할 수 있는 가장 쉬운 방법은 아주 작은 것부터 하는 것이다. 마음에 부담을 주지 않을 정도의 작은 행동을 매일매일 실천하여 습관으로 만들 수 있다. 가만히 앉아서 불안에 짓눌리기보다는 일단 밖에 나가 움직이는 것으로 몸을 가볍게 하자. 그리고 틈틈이 몸을 이완시켜주는 것도 잊지 말자. 몸이 가벼워지는 만큼 마음도 가벼워지기를 바라면서.

Chapter

②

사회의 불안

너무 평범해서
초라해질 때

어느 때보다 사람들이 치열하게 살고 있다. 요즘은 대학 신입생 때부터 영어점수를 취득하거나 자격증을 준비한다. 자유를 만끽하며 추억을 만들기 바빴던 예전의 풍경은 사라졌다. 입시의 압박에서 해방되기가 무섭게 다음 단계를 위해 또 발을 구르는 것이다. 직장인이 되어도 상황은 다르지 않다. 연봉보다 더 빠르게 오르는 월세나 전셋값, 물가는 이직을 고민하게 한다. 은퇴 이후도 마찬가지다. 자녀를 결혼시키느라 자신의 집을 내어주기도 하고, 나가서 돈을 벌어야만 하는 자식을 위해 손주를 돌보는 게 노후가 되어버렸다. 모든 세대가 녹록지 않은 현실을 살아내고 있다.

\ **광장에 모였던 이유**

대입, 취업, 주거, 육아, 노후 어느 하나 쉽지 않은 시대에는 사회시스템의 문제를 탓하지 않을 수 없다. 올바른 방법으로는 아무리 치열하게 노력해도 얻을 수 없는 것들이 넘쳐날 때 정치와 사회문제에 대한 관심은 높아진다. 수많은 사람이 광장에 모여 촛불로 목소리를 내기도 했다. 시험공부를 하던 청소년들도 책가방을 메고 나왔다. 힘 있는 사람들이 제 역할을 해주지 못했기에 서민들은 자신의 일상을 접어두고 힘을 합쳐야 했다. 그것은 대단한 무언가를 이루기 위해서가 아니라 평범한 일상을 사수하기 위한 것이었다. 올바른 방법으로 노력해도 얻지 못하는 것을 누군가 부정한 수단으로 얻어낼 때 평범한 사람들의 일상은 위협받을 수밖에 없다. 고군분투하며 살아도 안정을 찾을 수 없다는 사실은 좌절감을 안겨준다. 나아가기는커녕 계속해서 뒤로 미끄러지는 것 같은 기분은 기어이 '삼포 세대'를 만들어냈다. 끝을 알 수 없이 힘을 소진시키는 것보다는 포기하는 편이 쉽기 때문이다.

이런 상황에서는 평범함의 가치를 생각하게 된다. 평화로운 일상을 되찾아야만 하는 이유를 곱씹는다. '그저 남들처럼 평범하게 살고 싶을 뿐인데'라고 읊조리면서, 이러다 자존심이나 영혼까지 팔아야 하는 것은 아닌지 판단하기에 이르렀다.

당연히 갖춰져 있던 것이 갑자기 없어져서 곤혹스러웠던 경험이 있을 것이다. 퇴근이 늦었던 어느 날, 집에 수도가 끊겨 있던 적이 있었다. 한 시간 만에 원인을 찾고 해결할 수 있었지만, 수도가 끊긴 늦은 밤 잠깐의 순간 동안 머릿속이 하얘졌다. 물이 한 방울도 나오지 않으니 당장 씻을 수도 없고 대소변을 보는 일도 곤란했다. 내일 아침까지 해결하지 못하면 출근도 못하는 게 아닐까 생각하니 깜깜했다. 아주 당연하게 여겼던 것 중 하나가 빠진 건데, 일상 자체가 흔들리며 오로지 그 문제에만 매달리게 되었다. 삶의 '마이너스' 상태는 그런 것이다. 내 식구 밥그릇 챙기는 일, 평범한 일상을 되찾으려는 마음은 이처럼 마이너스를 '제로'로 만들고자 하는 노력이다. 지금의 우리도 마찬가지다. 그저 보통의 삶을 살고 싶은데 그것마저 어려운 세상이다.

'보통'의 기준

그렇다면 평범한 일상을 되찾기만 하면 우리는 충분히 만족하며 살 수 있을까. 안타깝게도 사회는 또 하나의 벽으로 가로막혀 있는 듯하다. 요즘에는 '보통'의 기준이 너무 높아져버렸다. 달리 말하면, 평범한 삶은 초라하다는 생각이 너무 만연해 있다. 이는 평온한 삶을 유지하지 못하게 하는 또 다른 이유다. 많은 여성은 TV와 스크린 속 스타들의 깡마른 몸매를 보면서 표준몸무게 계산법을 잊은 지 오래다. 남성들은 '초콜릿 복근'이 없는 자신의 복부를 부끄럽게 여긴다. 충분히 아름답고 건강한 신체를 가졌는데도 항상 다이어트에 대한 의무감을 갖는다. 스타들의 44사이즈와 조각 같은 근육질 몸매를 평균 사이즈로 받아들인 것이다. 어디 외모뿐인가. 부와 행복에 대해서도 비현실적인 기준을 내면으로 가져와 무의식까지 지배당한다.

온라인 세계에는 연예인 이상으로 높은 관심을 받는 사람들이 있다. 그들은 영화배우 못지않은 외모와 값비싼 맛집, 여행 후기, 화려한 물건들을 뽐내거나 명품 패션으로 시선을 사로잡는다. 연예인들의 화려한 모습이 그러하듯이, 대리만족을 느끼게 해줘서 고맙기도 하지만 한편으로는 안타깝다. 그들의 모습이 기준이 되어버리는 현상 때문이다. 그들과 자신을 비교하다 보면 스스로 평범함에도 못 미칠 것 같은 기분을 느낀다. 이는 불안감으로 이어진다. 아직 가치관이 정립되지 못한 아이들뿐만 아니라 성인들도 사회적 메시지에 취약한 건 마찬가지다.

심리연구자 브레네 브라운은 이 같은 풍경에 대해 우리가 리얼리티쇼와 유명인 중심의 문화 속에서 '평범한 삶은 의미가 없다'는 메시지를 무비판적으로 받아들이고 편향된 세계관을 갖게 된다고 지적한다. SNS를 통해 손쉽게 접근할 수 있는 타인들의 모습이 보통의 기준을 상향평준화하거나 평범한 삶은 가치가 없다는 느낌을 갖게 하는 것이다. 그러한 문화에서는 실제로 평범해지기도 어렵지만, 끊임없이 자신이 부족하다는 자기평가를 하게 된다.

또한 온라인 공간이 사람들 간의 연결고리를 확장시키면서 스스로를 남의 시선에 함몰시키기도 한다. 내가 타인의 모습을 훔쳐보듯 나의 모습 또한 타인의 시선 안에 머물면서 영향을 받는다. 철학자이자 작가인 알랭 드 보통은 그의 저서 《불안》에서 다른 사람들이 우리를 어떻게 보느냐가 우리의 자아상을 결정하고, 성공을 거둔 걸출한 친구에 대한 소식은 불안을 유발시킨다고 현대사회의 불안을 분석했다. 그러면서 불안의 원인 중 하나로 '속물 근성'을 꼽는다. 속물 근성은 하나의 가치 척도를 모든 이에게 들이대는 것을 말한다. 일부만으로 사람됨 전체를 판단해버리는 것이다. 속물 근성의 잣대는 그 화살이 다시 자신에게 돌아오기 때문에 불안을 피할 수 없게 만든다.

이처럼 매체에 의해 만들어진 열등감과 불안감은 자연스럽게 우리가 무언가를 계속 욕망하게 만든다. 브라운은 우리가 스스로 충분하지 못하다고 느끼는 것이 '네가 부족해서 그래'라는 분위기 탓이라고 설명한다. 또 사람들이 그 사회의 지배적인 가치에 자신을 맞추지 못해서 힘겨워하고 수치심을 느낀다고 말한다. 이런 현상 속에서 내면에 심어진 내적 결핍은 또다시 무언가를 갈구하는 악순환이 되는 것이다.

> 우리 자신이 너무나 평범하고 부족한 존재라서 괴로울 때 명예와 지위와 찬사를 갈구하는 느낌은 강력한 진통제와 비슷하다.
>
> _ 브레네 브라운

＼ 모두가 가난해진 사회

그래서 현대사회는 불안을 달래기 위해 끊임없이 욕망하는 사람들로 채워지고 있다. 그렇다면 이들의 삶이 언젠가 풍요로움을 얻을 수 있을까? 철학자 이반 일리치는 다소 비관적인 미래를 내다본다. 그는 현대사회에 새로운 의미의 가난이 퍼지게 되었다고 주장한다. 이른바 '현대화된 가난'이다. 여기서 말하는 가난은 일반적으로 의미하는 곤궁한 경제력이 아니다. 자본주의 사회는 점차 인간을 소비와 의존이 답인 것처럼 포장했다. 상품에 중독되거나 시장에 집중하는 문화적 변화가 일어났고, 자본의 풍요에 매혹되어 돈이면 다 된다는 신념이 퍼지게 되었다. 본질을 잃어버리고 인간마저 상품화되는 세계에서 사람들은 정신의 자유를 잃어버린 빈털터리가 된다. 이것이 바로 지나친 풍요에 질식된 가난이다. 상품과 서비스에 지나치게 의존하게 된 인간의 무능함이 결국 정신을 병들게 만들었다는 것이다.

> 우리는 자기 안의 재능을 볼 수 있는 눈을 잃었고, 그 재능을 발휘하도록 환경조건을 조절할 힘을 빼앗겼고, 외부의 도전과 내부의 불안을 이겨낼 자신감을 상실했다.
>
> __ 이반 일리치, 《누가 나를 쓸모없게 만드는가》 중에서

이렇듯 자본의 풍요는 아이러니하게 모두를 가난하게 만들었다. 소비의 시대, 상품이 넘쳐나는 시대, 상품이 사람을 대신하는 시대에서는 모두가 풍요로워 보일지언정 모두가 가난

하다. 돈이면 무엇이든지 다 할 수 있다는 신념은 가장 중요한 것을 보는 눈을 잃게 한다. 남의 아름다움만 쫓느라 자신이 가진 아름다움을 놓친다. '좋아요'의 개수나 타인들의 관심이 개인의 가치를 결정짓지 않는데도 불구하고 사람이 상품과 같은 방식으로 등급이 매겨지기도 한다.

결국 일리치가 비판하는 사회의 모습에서 우리가 가장 크게 잃은 것은 우리 자신의 가치다. 더 정확히는 '중요한 의미를 볼 줄 아는 영혼'이다. 눈에 보이는 하나의 잣대로 자신을 평가하게 되었고 평범함마저 가치를 잃었다. 보통 사람, 보통의 날들이 가지는 진가를 망각하고 거짓 풍요에 익숙해진 이들에게 조심스럽게 묻고 싶다. 당신은 지금 무엇을 보고, 어떤 이야기에 귀 기울이고 있느냐고.

＼ 평범한 일상의 회복

대학 때 나의 하숙방에는 텔레비전이 없었다. 그 대신 작은 라디오를 머리맡에 두고 항상 켜두었다. '집순이'였던 나는 잠깐의 공강 시간에도 집에 들어와 쉬다 가곤 했는데, 덕분에 하루 중 많은 시간을 라디오를 들으며 보낼 수 있었다. 라디오 속 음악과 이야기들은 언제 들어도 참 좋았다. 특히 디제이가 청취자들의 사연을 읽어주는 시간을 좋아했다. 사람들의 이런저

런 얘기를 듣고 있노라면 마음이 편안해졌기 때문이다. 웃지
못할 에피소드도 있고 마음을 저미는 슬픈 사연도 있고 민망
해지거나 화가 나는 이야기들도 있었다. 이 시대 엄마들의 이
야기, 이모와 삼촌들의 이야기, 내 이웃의 이야기였다. 또래의
이야기는 마치 내 자신의 이야기 같았다. 그야말로 보통 사람
들의 보통 이야기였다. 이야기 안에서 내 일상의 슬픔이나 분
노, 웃음이 어떤 의미가 되는지를 생각해보았다. 때로는 초라
함 뒤의 아름다움을 배웠다. 그들의 구구절절한 사연 속에서
귀중한 무언가를 볼 수 있었으니까 말이다.

〈여성시대〉라는 라디오 프로그램에서 22년 넘게 활동한
박금선 작가는 사연을 통해 만난 무수한 사람들에 대해 이렇
게 말한다. "내가 만난 사람들이 나를 무난히 나이 들게 해주
었음을 고백하지 않을 수 없다. 그분들은 평범하지만 평범하
지 않았고, 생활에 아등바등하면서도 때로 초연했고, 자기 가
족을 챙기면서도 이웃의 눈물을 닦아주는 분들이라 내게는 큰
스승들이었다."

우리가 평범함의 불안에 갇힌 것은 이런 라디오 사연과
같은 이야기들을 잃어버렸기 때문은 아닐까. 그 빈자리는, 어
떻게든 조회수를 높이려고 초단위로 업데이트되는 자극적인
기사들과 화려해 보이는 SNS의 반쪽짜리 모습들이 대신해버

렸다. 사람들이 실제로 살아가는 이야기, 서로의 체온을 주고받을 수 있는 진짜 대화가 실종된 사회에서는 모두가 가난할 수밖에 없다.

우리는 불안할수록, 나의 보잘것없는 일상이 쓸모없다고 생각될수록 '일상의 이야기'에 귀를 기울여야 한다. 눈을 자극하는 스타들의 이야기가 아니라 보통 사람들에게 귀를 기울여야 한다. 그리고 그 안에서 한 사람 한 사람이 귀중한 이야기를 만들어내고 있음을 발견하면 좋겠다. 애초에 눈과 귀를 사로잡을 목적으로만 던져지는 것들에 시선을 빼앗긴다면 우리는 영영 영혼을 잃어버리게 될지도 모른다.

대통령이 바뀌고 광장에 모였던 사람들은 저마다 희망이라는 것을 품은 채 다시 일상으로 돌아갔다. 여전히 삶은 녹록지 않고 갈등과 위기는 변함없이 존재한다. 지금이야말로 진정한 의미의 일상의 회복을 이루어가야 할 때다.

세상이 그대를
불안하게 할지라도

우연한 기회에 흥미로운 강연을 듣게 되었다. 제목은 '차분함을 유지하는 법'이었다. 강연자는 작가로도 잘 알려진 정신과 전문의였는데 불안에 대한 얘기로 운을 떼웠다. 아무래도 차분함을 유지하지 못하는 이유 중에 불안감이 큰 비중을 차지하는 탓일 것이다. 불안감의 정도에 영향을 주는 대표적인 요소는 '예측 가능성'과 '통제 가능성'이라고 그는 설명했다. 예측할 수도 없고 통제하기는 더 어려운 작금의 사회가 우리를 가장 두렵게 만드는 것 같아서 고개가 끄덕여졌다.

＼　이불 밖은 위험해

끊임없이 발생하는 사회문제들은 점점 더 예측의 범위를 벗어나고 있다. 잔인한 국제 테러, 묻지마 범죄, 이른바 '수저계급론'이나 '헬조선' 같은 경제적 불평등 상황을 우리가 어떻게 받아들여야 할까. 예측할 수 없는 이런 사건과 현상은 우리의 통제 밖에 있으니 우리는 불안해하지 않을 수 없다. 우리의 무의식이 '세상은 안전한 곳이 아니야'라고 받아들이기 때문이다. 그래서일까. 서점에 가보면 좀 더 내려놓으라고, 가벼워지라고, 그래도 괜찮다고 말하는 책들이 인기다. 하지만 도무지 진정될 것 같지 않은 사회 안에 살고 있는 우리에게 몇 가지 방책으로 차분해지라는 건 무리가 있다. 주위가 온통 가시밭인데 '모든 건 네 마음의 문제야'라며 평온해지라고 강요하는 것은 또 다른 종류의 감정 폭력이다.

당신이 취업준비생이라고 가정해보자. 입사원서를 넣었던 기업들에서 이미 수많은 탈락 통지를 받았다. 지금은 마지막 남은 한 곳의 발표를 기다리고 있는 중이다. 부모님도 친구들도 합격 소식을 간절하게 기다리고 있다. 당신은 초조하지 않을 수 있을까? 합격 여부는 당연히 예측할 수 없고, 아무리 최선을 다했다 해도 더 이상은 당신의 힘으로 결정되는 게 아니다. 이렇듯 상황을 예측할 수 있는지, 내가 그 상황을 통제할 수 있는지 여부에 불안감은 영향을 받는다. 내 삶을 내가 통제할 수 있다는 확신이 있다면 우리는 어느 정도 안심할 수 있다.

누구나 열심히 일한 만큼 내년에는 꼭 승진할 수 있기를, 혹은 이직을 하면 지금보다 더 나은 삶이 펼쳐지기를, 내가 노력하고 대비하는 만큼 안정된 미래가 보장되기를 바란다. 하지만 안타깝게도 미래라는 불확실성의 폭풍 앞에서 인간은 무력하고 무지한 존재일 뿐이다. 그렇기에, 삶을 통제할 수 있다는 유능감을 갖고 싶어서 모두들 열심히 살고 있는 것인지도 모른다. 예측할 수는 없다 하더라도 능력을 갖추면 더 많은 상황을 통제할 수 있다고 믿는 것이다.

그러나 삶이라는 게 온통 불확실함 투성이다. 생각해보라. 오늘 아침 문밖을 나서는 순간부터 그날 하루 일어날 수 있는 일들을 우리는 확신할 수 없다. 그럼에도 익숙한 듯 하루를 시작하며 무수한 불확실성에 자발적으로 참여한다. 사표를 던지고 싶은 마음이 하늘을 찌르는 와중에도 무턱대고 행동할 수 없는 것은 퇴사 이후에 도사리고 있는 예측 불가한 일들을 감당하는 것이 쉽지 않기 때문이다. 그래서 불확실함을 마주하느니 기존의 상태에서 버티는 쪽을 선택한다.

간단하게 말해, 나는 자연이 내던진 자식인 셈이
야. 불확실함 속으로, 어찌 보면 새로운 세계 속으
로 내던져진 존재인 거야. 본래의 심연에서 던져진
존재의 의지를 완전히 내 것으로 만드는 일, 그 일
이 나의 사명인 거지.

__ 헤르만 헤세, 《데미안》 중에서

＼ 불확실성을 회피하는 한국인

우리가 아무것도 시도하지 않고 아무런 새로움 없이 살아간다
면 불안이나 걱정을 느끼지 않을 수도 있다. 하지만 아무것도
하지 않는 것은 인생이라고 하기 어렵다. 살아 있다는 것은 정
적인 상태가 아니라 끊임없이 변화하는 것이기 때문이다.

그런데 불확실성에 대한 인내력이 부족한 사람들이 불안
과 관련이 높다는 연구결과가 있다. 연구에 의하면, 불확실한
상황과 사건에 대해 부정적인 반응을 보이는 성향을 가진 이
들은 강박장애, 사회불안장애 등이 발생활 확률이 높다. 불안
이 높은 이들은 불확실성을 위협적으로 해석하고 회피하려는
경향이 있는데 이는 오히려 불안을 높이는 악순환이 된다.

《다르게 생각하는 연습》의 저자 박종하 박사는 불확실

성에 대한 한 사회의 분위기를 두 가지 형태로 분석한다. 불확실성을 견디는 힘이 있는 사회는 미래를 향한 걱정이 적고 일을 열심히 하지 않는 반면, 불확실성을 피하고 싶어 하는 사회는 항상 바쁘고 초조하며 행복감이 낮다는 것이다. 전자는 다른 사람의 의견을 크게 신경 쓰지 않고 하고 싶은 일에 집중하며 혁신적인 결과를 만드는 데 반해 후자는 너와 나, 선과 악에 대한 구분이 명쾌하고 타인에게는 배타적이고 공격적이다. 우리나라는 후자에 가까워지고 있다고 그는 덧붙인다.

허태균 사회심리학 교수도 이와 비슷한 분석을 내놓았다. 그는 한국사회의 문화심리학적 특성을 여섯 가지 개념으로 정리하였는데 그중 하나가 '불확실성 회피'였다. 한국사회는 눈에 보이고 수치화할 수 있는 것에만 집중하면서 불확실한 것은 피하려 하는 성향이 있다는 것이다. 불편한 진실이긴 하지만 부정하기 어려울 것 같다.

＼ 불확실성의 양면성

무엇인가 확실하지 않다는 것이 부정적인 것만을 뜻하지는 않는다. 그 자체는 사실 중립적이다. 우리가 스포츠를 즐겨 보는 것이나, 복권을 사는 것 등을 생각해보면 이해할 수 있다. 결과를 알 수 없다는 것은 흥미를 유발한다. 그래서 돈을 주고서라도 스포츠게임을 관람하고 경기에 참여하기도 한다. 두려운 것은 이처럼 재미의 요소가 되고 흥미를 유발한다. '모든 사물을 막론하고 일단 분명해지면 더 이상 관심의 대상이 되지 못한다'라는 니체의 말처럼 우리 인간은 호기심이 기본적으로 장착되어 있기 때문에 뻔하고 당연하고 너무나 확실한 것에는 흥미를 덜 가진다. 실제로 미국의 한 연구에서는 특정 사건에서 가장 기뻤던 순간이 바로 두려움이 가장 높았던 순간이었음이 확인됐다.

무언가 두려운 것이 우리 앞을 가로막고 있다 하더라도 우리에게는 그것을 마주할 용기가 이미 충분하다. 긴장감을 조금만 내려놓고 유연하게 받아들일 수만 있다면 그걸로 된 것이다. 하버드대 심리학과 교수 다니엘 길버트는 우리가 미래의 사건이 우리 감정에 미칠 영향에 대해 과대평가하는 습관이 있다고 지적한다. 예를 들어 미래에 부정적인 사건이 일어난다면 굉장히 불행해질 거라고 확신하지만 실제로 닥치면 별일 아닌 경우가 많다. 이는 긍정적인 사건에도 마찬가지로 적용시킬 수 있다. 이런 사실만 이해한다면 어떤 종류의 일이건 차분하게 받아들일 수 있을 것이다. 하지만 이 사실을 깨달으려면 직접 경험해보는 수밖에 없다.

삶이란 근원적으로 모호한 것이며 인간은 어떠한 본질적 가치도 지니지 않은 완전한 무(無) 속에서 스스로의 행동을 선택해야 한다.

_ 장 폴 사르트르

＼ 실패가 당연해지다

상대적으로 경험이 많지 않은 청년들은 마냥 담담해지기 어렵다. 한 설문조사에 따르면 20~30대가 가장 버리고 싶은 마음이 바로 '두려움'이다. 이들이 가장 두려워하는 미래의 모습은 실패하는 것, 순간의 잘못된 선택으로 나락에 빠지는 것, 혹은 아무리 노력해도 지금의 어려움을 극복하지 못하고 영원히 외로운 낙오자로 떠다니는 것일 테다. 특히나 요즘같이 성공스토리가 만연해 있는 때는 하나의 실패를 '난 형편없어' '난 아무리 해도 안 돼' '난 결국 안 돼…'라는 메시지로 해석할 수 있기 때문에 실패는 더욱 상처가 된다.

우리는 평소에 실패로 인해 상처받는 자존감을 보호하기 위해서 인지적인 전략을 사용하기도 한다. 그중 하나가 자기불구화self-handicapping인데, 실패할 것만 같은 두려운 일을 앞두고 미리 실패할 이유를 만들어놓는 것이다. 예를 들어 무언가 도전하기에 앞서 '나는 나이가 많아서' '나는 영어를 잘 못해서' '저 친구는 더 좋은 환경에 놓여 있지만 나는 그렇지 않아서'라는 식으로, 아마 가능하지 않을 것이라고 판단할 이유를 만들어놓는다. 결국엔 '내가 아무리 열심히 해도 실패한다'라는 혹시 모를 진실을 마주하기 전에 에어백을 마련해놓는 것이다. 마치 중고등학생들이 시험 날 아침에 "나 밤새 TV 보느라 공부 하나도 못했어"라고 말하는 것과 같다. TV를 보지 않았다면 100점 받을 수 있다는 가능성을 남겨놓는 것이다. 진실을 대면하는 것보다 자존감을 지켜내는 것이 더 중요하기 때문에 사용하는 실패전략이라고 할 수 있겠다. 더 냉정한 진실을 마주하기 두렵기 때문에 실제로 최선을 다하지 않기도 한다.

하지만 최근에 와서는 이러한 전략과는 별개로 실패가 보편화된 것 같다. 앞서 전문가들이 지적했듯이 불확실성을 회피하는 모습은 개인의 문제가 아니라 한국의 집단적 성향이다. 사회가 상당 부분 조장한 태도라고 볼 수 있다. 요즘은 실패를 피하는 일이 낙타가 바늘구멍 통과하는 것만큼 어렵다. 그래서 청년들이 삶의 불확실성에 대비하는 방책 중 하나는 공무원이 되는 것이다. 잘릴 걱정이나 이직을 해야 할 가능성도 덮어두고 그저 최대한 안정적인 삶을 찾는 것이다. 부모님도 좋아하시니 일석이조다. 기업 입사시험이나 면접에서는 내가 왜 떨어졌는지 알 수 없는 데 비해 공무원시험은 정직하기까지 하다. 택하지 않을 이유가 없지 않은가. 그런데 현실은 그것마저 쉽지 않다. 2017년 국가직 9급 공무원 일반행정 부문의 경쟁률은 172.5 대 1이었으며 2016년은 405.3 대 1이었다. 대기업 입사시험도 마찬가지다. 눈에 보이는 수치만 놓고 보아도 합격자보다 탈락자가 훨씬 많다. 탈락을 실패라고 봐야 한다면 우리 사회는 대부분이 실패할 수밖에 없는 곳이다.

어쩔 수 없이 탈락의 고배를 마셔야만 이룰 수 있는 일들이 있음에도 불구하고 시련이나 좌절은 상당히 견디기 힘들다. 이것은 현대에 오면서 두드러진 모습이기도 하다. 성공한 사람들의 경험담이나 자기계발서들은 '당신이 노력하기만 하면 뭐든지 할 수 있다'라는 메시지를 안겨준다. 이런 메시지는 반대로 생각하면 '당신이 원하는 것을 이루지 못하는 이유는 노력하지 않았기 때문이다'라는 뜻이 된다. 알랭 드 보통은 과거 신분사회에서는 불평등이 당연했기 때문에 실패를 사회의 탓으로 돌릴 수 있었지만 요즘은 개인 탓으로 돌리는 게 문제라고 했다. 누구든지 무엇이든 될 수 있다고 말하는 사회에서 실패는 온전히 개인의 부족으로 해석되기 때문이다. 사회학자 에밀 뒤르켐은 이러한 능력주의의 부작용이 현대사회의 높은 자살률의 원인이라고 지적하기도 한다.

＼ '실패학'을 배우기 시작하다

요즘 젊은 층이 쓰는 말 중에 '이생망'이라는 신조어가 있다. '이번 생은 망했다'의 줄임말이다. 조금만 뒤처져도 '망했다' '실패다'라고 말하는가 하면, 한 가지가 잘 안 되었을 뿐인데 한 번 더 덤벼보기보다는 완전히 손을 놓아버리는 대한민국 청년들의 자화상을 보여준다. 이들은 금수저가 아닌 이상 다시 태어나야 한다면서 한국사회에 태어난 것을 비관하기도 한다. 실패가 불가피한 이 사회에서 맞닥뜨리는 좌절과 시련을 우리가 어떤 태도로 받아들이는지는 상당히 중요하다. 하지만 중고등학교를 다니고 성인이 될 때까지 누구도 실패나 좌절감을 다루는 법을 알려주지 않았다. 떠도는 성공스토리는 대박에 대한 열망을 키워왔고, 어른들은 무조건 안정적인 게 좋은 것이라고만 했으니까 말이다.

다행히도 최근에는 이런 문제점이 대두되면서 '실패학'이 등장했다. 이전에는 성공에만 포커스를 두었다면 이제 실패에도 시선을 주기 시작한 것이다. 몇몇 대학에서는 교양수업에 이러한 주제를 녹이고 있다. 서울대에서 교양강의를 하고 있는 심리학과 곽금주 교수는 예전에는 성취와 성공, 진로에 대한 강의를 했다. 하지만 최근에 와서는 명실상부한 서울대 학생들도 이러한 주제에 괴리감을 느끼면서, 이제는 무력감을 다룰 필요가 있다고 판단했다. 그래서 첫 강부터 '실패'에 대해 자세히 다루는데, 공허한 얘기보다 공감이 많이 되고 교훈 삼을 수 있어서 수강생의 만족도도 높다.

실패학을 통해 우리가 얻기를 기대하는 것은 무작정 피하려고만 했던 고난과 좌절을 받아들이는 방법일 것이다. 자신을 비하하거나 현실로부터 도망치기보다는 실패를 자원으로 삼아 성공뿐인 사람보다 훨씬 더 단단하게 성장할 수 있기를 기대해봐도 좋을 것 같다.

90년대에 반항을 불러일으켰던 〈트루먼 쇼〉라는 영화가 있다. 주인공 트루먼이 사는 세계는 완전히 통제된 동시에 완벽하게 안전한 곳이었다. 완벽히 짜인 각본으로 살아가게 만들어진 거대한 세트장이기 때문이다. 태어날 때부터 방송국에 입양된 트루먼은 성인이 될 때까지 그 틀 안에서 평온하게 살아간다. 그 스스로만 인지하지 못할 뿐, 리얼리티 프로그램의 주인공인 그의 미래는 모든 게 정해져 있었다. 하지만 그의 꿈은 새로운 세상을 탐험하는 것이었다. 그는 결국 두려움을 넘고, 인공적으로 만들어진 거대한 파도를 건너, 세트장의 끝에 도달한다. 연출자는 그를 세트장 안에 계속 머무르게 하기 위해 "실제 세상은 위험한 곳이며, 내가 만든 세상 안에서 너는 두려워할 것이 없어"라고 말한다. 하지만 그는 처음으로, 완벽하고 안전한 그 세트장 너머 불확실성의 세상으로 도약한다.

알 수 없는 미래가 너무 두렵게 다가올 때는 트루먼의 세트장처럼 모든 것이 완벽히 정해진 세상에서 사는 게 나을지도 모른다는 생각이 든다. 하지만 결국 우리도 트루먼처럼 모든 게 정해진 세상 속에서는 만족할 수 없을 것이다. 자유롭게 삶을 선택하고, 불확실함 속의 두려움을 넘어서려고 하는 탐험가로서의 삶을 택하고야 말 것이다. 그래서 불안을 조장하는 사회를 살아가는 우리에게 필요한 지혜는 두려움의 요소를 제거해가는 방법이 아닌, 기꺼이 두려움을 선택하고 자신의 삶을 만들어나가는 방법일 것이다.

너무 친밀해서
불편한 한국

라디오에서 흥미로운 사연을 들었다. 결혼 5년차 여성인데, SNS를 뒤적거리다가 무심코 첫사랑을 검색해보았단다. 생각 외로 너무 쉽게 찾게 되었고 사진들을 통해서 그의 일상을 엿볼 수 있었다. 그런데 반가움보다는 일종의 허무감 같은 것을 느꼈다고 했다. 이유인즉, 그동안은 가끔 떠올리면 기분 좋아지는 추억이 있었는데 이제는 그 낭만을 잃은 것 같다는 것이었다. 모르기에 상상할 수 있는 즐거움이 없어졌기 때문일까. 관념 속에만 존재했던 추억 속 인물이 현실의 사람이 되어버리면 감성이 빠져들 공간은 사라진다. 그리고 추억은 시시해 진다.

SNS에서 잃은 것과 얻은 것

어떤 것들은 모르는 채로 살아가는 편이 나을 때가 있다. 이문 세의 노래 〈옛사랑〉에 나오는 '이제 그리운 것은 그리운 대로 내 맘에 둘 거야'라는 노랫말처럼 말이다. 하지만 눈치 없는 인터넷은 모든 것을 자판기처럼 뚝딱 알려준다. 가끔은 필요 이상의 정보까지 알려주는 게 요즘의 온라인 세계다. 30~40 년 전만 해도 불가능했던 일들이 지금은 쉽게 이루어진다. 멀 리 있는 사람과도 쉽게 연결되고, 타인이 어떻게 사는지를 들 여다볼 수도 있다. 반대로, 불특정다수에게 내가 어떻게 사는 지를 보여줄 수 있다. 여러모로 편리해졌지만 뭔가 잃은 기분 이 드는 건 왜일까.

SNS가 앗아간 것이 낭만이라면, 제공한 것은 타인과의 연결고리다. 블로그, 카카오톡, 페이스북, 인스타그램 등을 통 해 평소에 만나지 않는 사람들과도 매일 연결되어 있고, 공인 이 아니어도 사람들의 관심을 얻을 수 있다. 다른 나라와 비교 했을 때 한국은 모바일 SNS 가입률이 압도적으로 높다. 과연 디지털 강국다운 모습이다.

╲　한국의 행복지수가 낮은 이유

디지털 강국에 살면서 타인들과 더 많이 소통하는 우리가 행복지수에서는 하위권을 차지한다. 왜일까. 행복연구가인 서은국 연세대 심리학과 교수는 문화적 측면을 지적했다. 한국, 일본, 싱가포르 등 아시아의 신흥경제국들은 소득수준이 높지만 행복감이 낮다는 공통점이 있다. 그리고 이들이 공통적으로 가진 문화적 성격이 집단주의다. 개인주의가 남에게 피해를 주지 않는 선에서 개인의 자유와 정체성에 집중하는 것이라면 그와 대립되는 개념이 집단주의다. 집단의 기준과 정체성 혹은 의무에 더욱 무게를 둔, 일종의 문화적 가치지향성을 이르는 말이다. 한국은 집단주의 지향성이 강한 만큼 '타인의 시선'이 가지는 영향력도 더 크다. 서 교수는 한국 사람들에게 집단의 평가가 더욱 중요하기 때문에 늘 타인의 시선을 의식해야 하는 긴장감이 있다고 설명한다. 우리는 알게 모르게 집단의 평가를 늘 의식해야 하는 피곤한 삶을 살고 있다. 그러니 경제적 수준이나 복지 수준이 올라도 행복지수는 꿈쩍도 않는다.

　　그는 저서 《행복의 기원》에서 이와 관련한 흥미로운 예시를 든다. 한국의 운동선수들이나 연예인들은 중요한 일을 앞두고 인터뷰에서 흔히 "열심히 할 테니 지켜봐주세요." "잘 살 테니 지켜봐주세요"라고 말한다. 물론 상투적인 표현일 수도 있지만 결혼과 같은 개인적인 대소사에 대해서도 '지켜봐 달라'고 하는 것은 그만큼 타인의 시선을 의식한다는 것을 보여준다. 이처럼 우리는 다른 사람들의 평가에 민감하고, 이러한 타인중심적인 생각은 행복 성취에 걸림돌이 되는 경우가 많다는 것이 그의 설명이다.

그런데 아이러니하게도 온라인 공간에는 행복해 보이는 사람이 참 많다. 여행 사진, 데이트 사진부터 시작해서 맛집 사진, 선물 인증샷 등등 사진 속 사람들은 다들 행복해 보인다. 행복지수가 바닥이라는 통계자료가 잘못된 것은 아닐까. 이렇게 즐거운 사람들이 많은 나라인데 '헬조선'이라니.

모바일메신저의 프로필을 포함하여 SNS와 같은 공간은 타인에게 개방되는 곳이다. 우리는 타인의 시선을 전제하고 사진과 글을 올린다. 따라서 자신만의 검열을 거칠 수밖에 없다. 여기에서 자신의 우울하고 못난 모습을 구태여 올릴 사람이 누가 있을까. 정보가 될 만하거나 소통이 될 만한 콘텐츠, 자신의 일상에 관한 즐거운 이벤트를 올릴 가능성이 높다. 흥미롭거나 웃기거나 자랑거리가 될 만한 것일 수도 있다. 중요한 사실은 무엇이든 간에 그 사람의 일부만 보여준다는 것이다. 그럼에도 사람들은 그것이 타인의 전체인 양 여기면서 자신과 비교하거나, 혹은 타인들이 자신의 사진이나 글을 '자신

전체'로 봐줄 것이라 판단하는 함정에 빠지곤 한다. 전자의 징후는 열등감이나 우울로 나타나고 후자의 징후는 자아정체성 혼란으로 나타난다. 핵심은 타자와 자신을 비교하는 데서 발생하는 문제, 그리고 타인의 시선에 함몰되는 문제다. 그리고 어느 쪽이든 우리가 타인에게서 자유롭지 못하다는 것을 보여준다.

여기서 타인의 양면성을 생각해볼 필요가 있다. 모바일 메신저나 SNS를 하는 것은 일종의 즐거움이다. 우리는 사회적 존재이기 때문이다. 고립되기보다는 타인과 소통하기를 좋아하고 또 관심을 주고받고 싶어 한다. 분명히 타인을 통해 기쁨을 느낀다. 그런데 그 안에서 악성댓글을 통해 고통받거나 평가에 대한 불안을 느끼거나 타인과 비교하며 우울해지는 것 또한 우리의 모습이다. 즉, 타인 혹은 타인의 시선이 우리를 아프게 한다. 그렇다면 타인은 과연 내게 어떤 존재란 말인가? 철학자 사르트르라면 이렇게 말할 것이다.

나를 잡아먹을 듯한 이 시선들… 아! 당신들은 고작 두 명뿐이었는가! 훨씬 더 많다고 생각했는데, (그는 웃는다.) 이것이 지옥이지. 전에는 전혀 생각을 하지 못했었지… 당신들도 기억하겠지. 유황, 장작더미, 쇠꼬챙이… 아! 다 쓸데없는 얘기야. 쇠

꼬챙이 같은 것은 필요 없어. 지옥, 그것은 타인들이야 L'enfer, c'est les autres.

＼ 타인은 지옥이다

그는 희곡 작품 〈출구 없는 방〉을 통해 '타인은 지옥'이라고 말했다. 이 작품은 서로 일면식도 없던 세 사람이 죽음 이후 호텔방이라는 한 공간에 배정되는 것으로 시작한다. 그런데 이 호텔은 입구도 출구도 없고, 천장의 샹들리에는 꺼지지도 않는다. 세 사자死者들은 고문자가 없는 지옥에 의아해한다. 하지만 이내 깨닫고 만다. 영원히 눈감을 수 없는 이곳, 타자의 시선만이 남은 이곳이 바로 지옥이라고. 서로의 시선 때문에 영원히 괴로워해야 하는 처지가 되었음을 안 것이다. 반항의 철학자로서 수많은 언론과 대중의 관심과 비판을 받았던 사르트르였기에 더더욱 타인의 시선을 지옥으로 여겼을지 모른다. 그의 자유를 억압하는 것이 바로 타인의 시선이었기 때문이다. 그래서 그에게 타자는 '나를 바라보는 자'로 정의되고 나의 세계를 훔쳐가고 나를 억압하는 '지옥'과 다름없는 것이다. 타인의 시선이 존재하는 한 나는 주체가 아닌 평가받는 객체에서 벗어날 수 없다.

일본의 문학작품에도 불안을 유발하는 자로서의 타자가 등장한다. 다자이 오사무의 소설 《인간실격》이다. 다자이 오사무는 이 작품을 통해 인간의 나약함을 묘사하는데, 그 인간을 나약하게 만드는 것은 다름 아닌 인간사회의 위선과 잔혹성이다. 주인공 요조는 말미에 '인간실격자'로 전락하지만 이는 어떤 약해빠진 아웃사이더의 특별한 이야기가 아니다. 그의 시점을 따라가는 독자라면 어떤 식으로든 자신과 닮아 있음을 느끼게 된다. 소설은 서문과 세 개의 수기로 구성되어 있는데, 첫 번째 수기에서 요조는 타인과 함께 있는 것을 견딜 수 없을 만큼 불안해한다. 무엇을 말해야 할지도 모르겠고 타인의 마음을 도저히 알 수가 없었기 때문이다. 그는 그저 두려워하다가 결국 광대가 되기로 결심한다. 천진난만하게 웃는 모습으로 즐거운 척하는 것이 타인에 대한 두려움에 맞서는 최선의 선택이라 판단했던 것이다.

저는 인간을 극도로 두려워하면서도 도저히 그들을 떨쳐낼 수는 없었던 것 같습니다. 그렇게 저는, 그 광대짓이라는 가느다란 끈 하나로 인간과 간신히 이어질 수 있었습니다. 겉으로는 끊임없이 웃는 얼굴을 만들었지만 속으로는 필사적인, 그야말로 천 번에 한 번 성공할까 말까 할 만큼 위기일발의 진땀 나는 서비스였습니다. 저는 어릴 때부터 우리 가족들이 얼마나 힘든지, 또 어떤 생각을 하며 사는지 도무지 그 속을 알 수가 없어 그저 두렵기만 했고, 겉돌고 있다는 그 어색함을 견디다 못해 일찌감치 광대짓의 선수가 되었습니다. 즉, 저는 언제부턴가 단 한마디도 진심을 이야기하지 않는 아이가 되어 있었던 겁니다.

— 다자이 오사무, 《인간실격》 중에서

겉으로는 웃고 있지만 내면은 끝없는 고민과 두려움의 연속이었던 그의 얘기는 현 시대의 우리 모습과 자연스럽게 이어진다. 그리고 문득 궁금해진다. 우리 또한 타인의 시선이 두렵지만 소외되는 것이 더욱 두려운 나머지 광대가 되기로 한 것은 아닐까. 요조처럼 진심을 잃은 광대가 되는 것이 최선이라 판단한 것은 아닐까. 그래서 결국 온라인 공간에는 행복한 사진들이 떠다니는데도 많은 이들의 마음에는 우울과 불안이 자리 잡은 것은 아닐까.

사르트르와 다자이 오사무가 서술한 것과 마찬가지로 우리는 때때로 악마로서의 타인을 경험하곤 한다. 나를 평가하고 억압하며 감시하는 대상, 어떻게든 불안을 유발시키는 존재로서의 타자. 하지만 그런 타자가 전혀 없는 삶을 상상할 수 있을까. 태어나면서부터 죽을 때까지 우린 분명히 누군가와 함께일 수밖에 없다. 지옥과 함께 살아간다고 생각하면 그것이 정말로 지옥일 수도 있다. 그래서 다른 의미로서의 타자를 찾아볼 필요도 있다. 사회적 인간으로서 타인을 악이 아닌 선으로 여기는 지혜를 발휘하고 싶어서다. 아마도 헤르만 헤세라면 타인을 지옥이라고 하지는 않을 것 같다.

＼ 타인은 거울이다

헤르만 헤세의 소설 《황야의 이리》는 한 중년의 남자가 자아를 발견해가는 과정을 담고 있다. 주인공 하리 할러는 스스로 불행하다고 느끼고 내적으로 분열되어 있다. 그는 자신을 황야의 이리라고 표현한다. 반은 인간이면서 반은 늑대인, 또는 시민이지만 어디에도 소속되지 않고 자살 충동으로 자신을 괴롭히며 방황하는 존재다. 어느 세계에도 속하지 못한다는 점에서 요조와 닮아 있다. 두 작품 모두 젊은 층에 큰 관심을 받았다. 작품이 묘사하는 내면세계가 청년들에게 공감을 불러일으켰기 때문일 것이다. 하지만 씁쓸한 결말의 《인간실격》과는 달리 《황야의 이리》는 삶의 다양성과 자아의 양극성을 긍정해가는 희망적인 결말을 보여준다. 요조가 실격한 인간이 되었다면, 하리 할러는 긍정하는 인간이 되었다.

요조와 달리 하리 할러가 삶을 긍정하는 방향으로 나아갈 수 있었던 이유는 무엇일까. 50대 남자인 할러는 작가 헤르만 헤세가 자신을 투영한 인물로 짐작할 수 있다. 하리 할러는 헤르만 헤세와 머리글자가 같고, 작품을 집필할 당시 헤세의 나이도 50세였다. 불안과 불만 속에서 자아를 추구해가는 불완전한 인간상은 헤세 자신이 경험하는 자화상이다. 아마도 그는 현실에서 삶을 긍정할 수 있는 방도를 깨달은 듯하다. 그 과정 안에는 '타인과의 만남'이 있었다. 이 소설에서 중요한 사건 중 하나가 방황 속의 할러가 헤르미네라는 여인을 만나게 되는 것이다. 그 둘은 많은 대화를 주고받는데, 헤르미네는 하리할러에게 이런 말을 건넨다.

내가 당신 마음에 들고 당신에게 중요해진 건 내가 당신에게 일종의 거울 같은 존재이기 때문이에요. 내 내면에는 당신을 이해하고 당신에게 답을 줄 수 있는 무언가가 있어요. 본래 모든 사람들은 서로서로 상대를 위한 거울이어서 서로 답을 주고받고 서로 조응하는 거지요.

__ 헤르만 헤세, 《황야의 이리》 중에서

할러는 헤르미네의 얼굴에서 한 소년의 얼굴을 보았고,

자신의 어린 시절을 떠올렸다. 어린 시절의 친구들을 회상하기도 했다. 그녀의 얼굴이 그에게 대답을 주고 신뢰를 불러일으켰다. 헤르미네는 자신이 할러에게 '거울 같은 존재'라고 말하고 있다. 이는 할러와 헤르미네의 관계만은 아니다. 타인과 관계 맺는 우리 모두는 서로에게 거울 같은 존재다. 타인은 내가 어떤 사람인지 비추어주고, 나 또한 타인의 모습을 비추어주는 역할을 한다. 내가 어떤 사람인지 알기 위해서는 타인과 마주해야 한다. '만남'을 통해서 내가 모르던 내 모습을 보고, '대화' 안에서 나 자신에 대한 통찰을 얻기도 한다. 그래서 우리가 타인의 관심을 원하고 계속해서 누군가를 찾게 되는 이유는 나를 찾기 위해서이기도 하다. 타인이라는 거울에 비치는 진짜 나를 찾기 위해서다.

최근 자주 쓰이는 신조어 중에 '케미'라는 단어가 있다. 영어 단어 'chemistry(케미스트리)'를 줄여서 쓰는 말이다. 화학적 성질을 뜻하는 이 단어는 사람 사이의 화학작용, 즉 나와 타인이 만났을 때 빚어내는 변화, 또는 어울림을 의미한다. 내가 누구를 만나는가에 따라서 발현되는 내 모습도 다르다. 새로운 사람을 만났을 때 '내가 이런 면이 있었나?' 하고 놀랐던 경험이 있을 것이다. 그것이 사회적 존재로서의 나와 타인의 만남이다. 만남 안에서 우리는 너와 나로 존재하지 않고 '우리'라는 관계를 형성한다. 그 관계 안에서 나에 대한 진실을 찾아간다. 그리고 바라게 된다. 내가 더 좋은 사람일 수 있기를, 더 나은 사람이 될 수 있기를. 다시 말해서, 내가 더 좋은 사람일 수 있게 하는 사람을 만나기를 우리는 간절히 바란다. 할러가 결국에 삶을 긍정할 수 있었던 것도 이러한 만남이 있었기 때문이다. 그는 헤르미네의 얼굴에서 자신의 진실을 볼 수 있었다.

＼ 거울을 만나기 위하여

지옥과 거울, 우리는 어느 쪽에 가까울까. 집단주의라면 밀리지 않을, 위기의 순간마다 똘똘 뭉치기로 알아주는 한국이다. 인터넷에서 많은 사람과 연결되어 있는 우리가 과연 타인에게서 자신을 비추는 거울을 보고 있는지 궁금하다. 그리고 타인을 비추는 거울이 기꺼이 되어주고 있는지. 댓글로 비난하기 바쁜 사람들과 악플로 받은 상처를 호소하는 유명인들, 사이버불링cyber bullying으로 인해 자살했다는 대학생, 타인의 SNS를 보면 열등감이나 소외감을 느낀다는 사람들까지, 서로 거울이 되어주는 일이 쉽지 않아 보이는 지금의 모습이라면 지옥에 가깝지 않을까.

지옥이 아닌 거울로서 타인과 조응하기 위해서는 꼭 기

억해야 할 것이 있다. 첫째는 자기확신이다. 이것은 기준이 내 안에 있을 때에 가능하다. 기준이 내 안에 있지 않고 내가 소유한 물건이나 직업, 인맥 같은 외부에 있다고 믿는 사람은 타인에 대해서도 그렇게 판단할 수밖에 없다. 그리고 외부에 의해 계속해서 휩쓸리고 흔들릴 것이다. 작가 박웅현은 저서《여덟 단어》에서 자신의 기준을 외부가 아닌 내부에서 찾는 것을 '자존'이라는 단어로 표현했다. 그는 다양성을 존중하지 않는 한국 교육의 문제를 지적하면서, 우리 스스로 자존을 놓지 않고 내가 가지고 있는 것을 들여다보아야 한다고 조언한다. 기준점을 바깥에 찍는다면 자신의 모든 선택지에서 정답을 찾을 수 없을 것이다. 내가 무얼 보아야 하는지, 내가 다른 사람과 어떻게 다른지 고민하는 데서 자신만의 무기를 찾을 수 있다는 것이다. 그는 특히 청년들에게 남의 답이 아닌 나의 답을 찾으라면서 한마디를 남긴다. "Be Yourself!"

자기확신이 견고할 때 남들의 쓸데없는 비난이나 악플을 무시할 수 있는 용기가 생긴다. 어떤 비난은 받아들일 필요가 있고 어떤 비난은 그럴 필요가 없는지 구분할 수 있다. 또한 온라인 세계 속의 타인들을 불편한 감정 없이 바라볼 수 있을 것이다.

거울로서의 타인을 경험하기 위한 두 번째 조건은 타인과 마주하는 것을 보류해서는 안 된다는 것이다. 타인과 나의 화학작용은 물리적 만남에서 일어난다. 얼굴을 마주하고 서로의 눈을 보고 대화하는 일에서 소통이 일어난다. 온라인에서만 소통을 한다면 피상적인 관계에 지나지 않을 것이다. 우리에게는 눈빛을 주고받고 육성을 주고받는 직접적인 만남으로써 공유할 수 있는 것이 분명히 있다. 그렇기에 오랜 친구도 굳이 시간을 내어 만나고, 소중한 인연을 만나기 위해 먼 거리를 달려간다. 만남과 그 안에서 일어나는 소통만큼은 온라인 세계에서 끝나서는 안 된다. 재택근무가 아무리 보편화되더라도 재택관계는 유효하지 않다. 사람과 사람 사이의 친밀하고 진실된 관계 안에서만 공유할 수 있는 공감과 위로는 팔로잉·팔로워의 관계에서는 경험하기 어려울 것이다.

결국 타인은 지옥일 수도, 거울일 수도 있다. 중요한 사실은 우리가 사회적 존재라는 것이다. 타인 없이는 자신도 없다. 살아 있는 한, 혹은 〈출구 없는 방〉에서처럼 사자가 되어서도 자신을 바라보는 누군가와 함께할 것이다. 그리고 그 누군가는 계속해서 거울을 갖다 대며 나에게 영향을 준다. 타인을 지옥이라 말하는 사르트르 또한 타자의 이러한 성격을 모르지 않았다. 그래서 비록 누군가에 의해 평가받는다는 압박감은 불안으로 작용하지만 내가 나에 관한 진실을 알기 위해서는 반드시 타자를 거쳐야 한다고 말했던 것이다.

> 나에 대한 어떤 진리를 얻기 위해서는 이처럼 내가 타인을 거쳐야만 합니다. 타인은 나의 실존에 필수적이며, 내가 나에 대해 갖게 되는 앎에도 마찬가지로 필수적입니다.
>
> __ 사르트르, 《실존주의는 휴머니즘이다》 중에서

자신의 기준은 자기 안에 가지고 있되 타인이라는 거울을 통해 자신을 계속해서 비추어보고 알아가는 일, 그것이 불완전한 우리가 타인과 함께 살아가는 법이다.

딱 한 권만큼의
의지

어른이 되면서 겪는 어려움 중의 하나는 사회적인 존재로서의 나를 다루는 일이다. 어렸을 때는 무엇이든 마음대로 할 수 있고, 솔직하게 표현하는 것이 자연스러웠다. 하지만 성숙해야만 하는 시기가 되면 누가 시키지 않아도 상황에 맞게 말과 행동을 조심하게 된다. 사회인으로서 살아가고 인정받기 위해 그만큼 타인을 배려하게 된다. 가끔은 손해를 보는 일도 생긴다. 그런 것들이 쉬운 일은 아니라서 어떤 때는 에너지가 바닥나버리기도 하고 상처받는 일도 더러 있다.

오로지 내 하소연을 들어주고 공감해주는 사람들만 있다면 얼마나 좋을까. 하지만 많은 이와 함께 발맞춰서 살기 위해서는 관계 안에서의 불편이나 어려움을 피할 수 없다. 그렇다면 대인관계에서 발생하는 불안감이나 걱정거리, 그리고 사람 때문에 지쳐버린 마음을 어떻게 돌볼 수 있을까.

＼ 책이 주는 위로

만약 내 주위에 이런 문제로 고민하는 친구가 있다면 나는 서투른 조언 대신 책을 한 권 추천해줄 것이다. 내가 백 번 위로해주는 것보다 훨씬 도움이 될지 모르니, 딱 한 권만 읽어보라고 할 것이다. 그에게 꼭 맞는 책을 내가 알고 있다면 직접 손에 쥐여줄 수도 있을 것 같다.

우리의 슬픔과 불안을 토닥여주는 사람이 책 속에 있다. 그래서 사람은 책장이 펼쳐진 한 권의 책이라는 말도 있지 않은가. 그러니까 우리에게는 우리를 위로해줄 존재가 언제나 가까이 있는 셈이다. 모든 책이 자신에게 꼭 맞는 지혜를 줄 수는 없지만 우리는 그들의 경험을 빌리거나 허구 뒤에 숨겨져 있는 진리에 기대어볼 수는 있다. 그중에서도 고전은 이미 많은 사람의 정신을 돌보아왔다.

고전의 중요성에 관해서는 식상할 정도로 많이 강조되었다. 고전이 위대한 이유는 시간을 버티어왔다는 점이다. 사람도 기껏해야 백 년을 살아남기가 힘든데, 어떤 고전은 그 백년을 몇 번이나 돌고 돌았다. 인터넷뉴스에는 매일같이 자극적인 소식들이 우리의 눈길을 끈다. 자극적인 이야기들은 빛보다 빠르게 퍼지고 많은 이의 안줏거리가 되지만 유효기간은 얼마 되지 않는다. 심지어 사랑도 유효기간이 짧아져버린 요즘 시대에, 우리의 불안한 정신에는 시간을 버티어내는 힘이 필요하다. 시간을 견디어 살아남는 이야기는 시대를 막론하고 우리의 삶에 녹여낼 수 있는 내용일 것이다. 그런 게 고전이라면 한번쯤 믿어볼 수도 있지 않을까.

물론 고전은 친숙하게 느껴지지 않을뿐더러 어렵고 난해한 경우도 많다. 비장한 마음으로 두꺼운 고전을 빌려왔지만 몇 장 넘기지 못하고 덮어버린 경험이 많을 것이다. 그렇다면 무리하지 말고 서점에 가서 마음을 끄는 책 한 권을 골라보자. 에세이든 시집이든 자기계발서든 자신에게 손짓하는 책이라면 무엇이든 괜찮다. 자기계발서의 경우 어떤 이들은 편견을 갖기도 한다. 나 또한 그랬다. 하지만 힘든 시기에 친구가 선물해준 한 권의 자기계발서로 인해 선입견이 무너졌다. 사랑이 그러한 것처럼 책도 타이밍이 중요하다. 그 책이 나에게 위안이 된 것을 부정할 수 없었기 때문이다. 어떤 분야의 책이라도 선입견만으로 무턱대고 밀어내지 않는 게 좋다. 작가가 한 권을 쓰는 데 들인 시간과 정성의 단 십분의 일도 그것을 읽는 데 쏟지 않고, 우리가 어떻게 그 책을 평가할 수 있겠는가.

인생을 되돌아보게 하고 자기성찰을 하게 하는 책도 좋고 어두운 길을 밝혀주는 고전도 좋지만 일단 우리를 움직이게 하는 책도 좋다. 아주 작은 변화라도 갖게 하는 책이라면 무엇이든 충분하다. 그 책으로 인해 어떻게든 긍정적인 쪽으로 움직이기 시작했다면 성공이다. 누워서 걱정만 하는 사람보다 무언가 행동하는 사람에게 불안은 자세를 낮추기 때문이다. 소소한 변화라도 그것이 돌고 돌아 인생의 색깔을 바꿔놓을지도 모를 일이다.

＼　독서를 통해 나를 다시 만나다

버지니아 울프는 사람에게는 무려 천 개나 되는 자아가 있을 수 있다고 했다. 자아가 단일한 상태로 있지 않고, 마음의 단절과 대립들로 잘게 쪼개질 수 있다는 것이다. 우리도 내면의 어떤 갈등에 맞닥뜨릴 때, 혹은 예상치 못하게 다른 모습이 불쑥불쑥 튀어나올 때 내 안에 또 다른 내가 있는 것은 아닌지 의심하게 된다. 독서는 그렇게 다양한, 또 다른 나와의 만남이다.

우리는 그 만남 속에서 대화를 하게 될 것이다. 오랫동안 물음표로 남아 있었던 문제의 해답을 발견할 수도 있다. 하지만 가장 큰 수확은 독서가 우리의 근거 없는 불안, 우리 삶 전체에 깔려 있는 불안을 위로한다는 것이다. 책 속의 또 다른 자아와의 만남, 그리고 타협을 통해서.

이는 우리네 삶이 문학작품 속 서사와 같은 구조를 갖고 있기 때문에 가능한 일이다. 이 원리를 이용해 실제로 책을 통해 심리치료를 하기도 한다. 문학치료 또는 독서치료bibliotherapy라고 불리는 이 심리치료기법은 독서의 특성을 심리치료에 적용한 것이다. 다양한 문학작품을 매개로 하여 일대일 혹은 집단으로 책을 읽고 토론을 하는 일련의 과정을 통해 정서적인 고통을 완화해준다. 이 독서치료의 기원은 고대 그리스로 거슬러 올라간다. 아리스토텔레스는 마음의 평정을 유지하기 위해서는 문학과 예술을 통해서 영혼을 정화시켜야 한다고 보았고, 이것이 바로 카타르시스katharsis다. 그는 문학이 카타르시스를 통해 마음을 정화시킴으로써 정신치료에 도움이 된다고 본 것이다. 그리고 이는 바로 독서치료의 시초가 되었다.

독서치료를 경험한 한 내담자는 처음에는 전문적인 치료가 불가능할 것이라는 의구심을 가졌지만 독서치료를 진행하는 시간 동안 자신을 밀도 있게 탐구할 수 있었다고 말한다.

스스로의 불안정한 감정에 대해 보통은 '기분이 안 좋아서 그런가 보다'라고 넘겼다면, 이제는 독서를 통해 안에 있는 문제들을 들여다보기 시작했다. 그 문제를 인식할 수 있는 수준에 이르렀다는 것이 큰 변화였다. 이를 통해 무수히 다른 나와 만나고, 인정하고 싶지 않은 나의 모습도 발견하게 되면서 진실한 사람에 한 발짝 다가갈 수 있었다는 것이다.

＼ 몰입의 힘

책을 읽는 행위 자체는 단순히 물리적으로 일상의 잡념들을 잊고 몰입flow 상태에 이르게 함으로써 마음의 평안을 얻게 하기도 한다. 딱 한 권만큼만 집중할 수 있다면 충분하다. 실제로 많은 심리학자가 이러한 몰입의 힘에 대해 연구해왔다. 특히 긍정심리학자 칙센트 미하이는 평생 '몰입'이라는 주제를 연구해왔는데, 몰입하는 행위가 삶의 질을 끌어올릴 수 있다고 주장한다. 이를 뒷받침하는 실험 가운데 하나는 '경험표본방법'이다. 사람들에게 삐삐를 나눠주고 삐삐가 울릴 때마다 현재 시각과 그때 하던 일, 그리고 심리상태를 수첩에 기록하도록 했다. 이런 방식으로 경험을 수집하여 사람들이 소파에 앉아 맥주를 마시거나 텔레비전을 볼 때보다 독서처럼 자신이 하는 일에 오롯이 집중할 때 행복감을 느낀다는 사실을 확인했다. 그는 몰입의 경험에 대해 '물 흐르는 것처럼 편안한 느낌' '하늘을 날아가는 자유로운 느낌'이라고 표현한다.

이처럼 독서는 서사의 힘, 또는 몰입의 힘으로 불안을 치유해줄 수 있다. 책 읽는 나와 책이 분리되지 않고 내가 곧 책이 될 수 있다면, 그러한 몰아지경의 즐거움을 맛볼 수 있다면 그 자체로 불안을 완화할 수 있다. 빠르게 많은 책을 읽을 필요도 없다. 간혹 책을 잘 읽는다는 말을 책을 '많이' 읽는다는 뜻으로 오해하는 사람들이 있다.

내가 책을 좋아한다는 것을 아는 주위 사람들은 내가 많은 책을 읽었을 것이라고 짐작한다. 하지만 나는 그리 많은 책을 읽지는 않았다. 빨리 읽어내는 능력도 없다. 다만 한 권의 책을 오래오래 품고 있는 편이다. 반복해서 읽다 줄을 긋고, 뭔가를 끄적거리고, 온종일 고민하고, 버스 창밖을 보면서도 읽었던 책을 생각한다. 그뿐일까. 다 읽은 책을 친구에게 추천하며 또 책에 대해 이야기하고, 나를 감동시킨 책의 문구를 포스트잇에 써보기도 한다. 그러는 중에 책이 삶으로 들어오는 것 같다. 무언가가 삶으로 들어온다는 것은 나의 슬픔과 기쁨, 불안과 허무에까지 스며들어 영향을 주는 것이기도 하다.

직장생활을 하면서 점심시간에 동료들과 왁자지껄하게 웃고 떠들다가 다시 사무실에 억지로 돌아와야 할 때는 '하

아… 사는 게 뭐지?'라는 생각이 들기도 한다. 그런 날에는 하필 또 실수를 하고, 직장상사한테 '깨지고' 만다. 설상가상으로 아직 월급날은 너무 먼 것만 같다. 그런 날 퇴근길에 서점을 들른다. '사는 게 뭐지?' '삶이란 뭐지?'라는, 내 마음속의 어쩔 수 없는 물음표가 서점으로 나를 이끄는 것이다. 내 삶에 스며들어올 또 다른 책을 구하기 위해.

＼ 책을 너무 사랑한 남자

나만큼이나 독서를 사랑했던 한 남자가 있었다. 그는 독서가이자 소설가이자 시인이면서 도서관에서 일을 했고, 노년에 눈이 멀었지만 글을 읽어줄 수 있는 사람을 찾아 끝까지 독서를 멈추지 않았다. 그는 낙원이 있다면 아마 도서관의 형태일 것이라고 말하곤 했고, 세계를 단 한 권의 책에 담아낼 수 있다고 믿었다. 포스트모더니즘 문학의 거장으로 불리는 세계적인 작가 호르헤 보르헤스이다. 그는 이렇게 말했다.

> "내가 읽은 모든 작가가 바로 나이며, 내가 만난 모든 사람이, 내가 사랑한 모든 여인이 바로 나다. 또 나는 내가 갔던 모든 도시이기도 하며 내 모든 조상이기도 하다."

그는 유전적인 문제로 말년에 시각을 잃었다. 눈에 보이는 세계는 잃었지만 다른 세상을 찾고자 했고 그것이 책이었다. 그래서 실명한 뒤에 더욱 왕성한 활동을 한 것으로 알려져 있다. 그에게는 창작도 독서의 연장선이었다. 보르헤스가 시력을 잃고도 세상을 볼 수 있었던 것처럼, 현대를 살아가는 우리도 불안 속에서 앞이 보이지 않는 것 같을 때 새로운 세상을 찾는 것을 멈추지 않아야 한다. 사람들 사이에서는 해답을 찾을 수도 없고 오히려 더 지치기만 하는 것 같을 때 가까운 도서관부터 찾아가보는 게 어떨까. 그리고 딱 한 권으로 시작하는 것이다.

책 속에 길이 있다는 말도 있지만 물론 책이 모든 사람들에게 거창한 길이 되어주지는 않을 것이다. 하지만 소란스러운 사회에서 에너지가 바닥나고 막막해졌을 때 손을 내밀어 방향을 안내해줄 누군가가 분명히 그 안에 있다.

'지금, 여기'를 사는 인간

대학을 다니는 동안 아쉬웠던 일이 한 가지 있다. 벚꽃이 한창인 시기는 늘 중간고사와 겹쳤다. 시험이 끝난 후 이제 좀 놀아볼까 하면 이미 벚꽃은 져버리고 햇빛은 쨍쨍해져 있었다. 가을학기도 마찬가지였다. 색색으로 물들어 있던 단풍이 시험만 치고 나면 겨울색을 띠고 마는 것이다. 그런데 내가 아쉬웠던 것은 시험기간이 꽃놀이 시즌과 겹친다는 타이밍의 문제가 아니다. 돌이켜보면 시험기간에 하는 것이라곤 도서관 매점에서 컵라면 따위를 먹으면서 친구와 수다 떠는 일이었다. 시험 바로 전날이나 되어야 전력을 다해 벼락치기를 했기 때문이다. 그럼에도 마치 몇 주 감옥에라도 갇힌 것처럼 벚꽃을 즐기지 못했던 것이 안타깝다. 시험에 대한 압박감과 '난 공부를 제대로 안 했으니 즐길 자격이 없다'라는 허튼 자기규율이 문제였다. 신촌 거리에는 해마다 아기자기하게 벚꽃이 피어 있었고 학교 풍경은 외부 사람들이 구경을 올 정도로 아름다웠는데 말이다. 꽃놀이가 뭐 별건가. 오며 가며 꽃들을 바라보고, 향기를 맡고, 감탄하는 것이면 충분한데.

〈어바웃 타임〉이라는 영화는 제목이 보여주는 것처럼 시간에 관한 내용을 담고 있다. 남자 주인공 팀은 과거로 돌아갈 수 있는 시간여행의 능력을 갖고 있다. 어두운 곳에 들어가 두 주먹을 꽉 쥐고 돌아가고 싶은 순간을 떠올리기만 하면 된다. 그는 현재 뭔가 잘못되었거나 실수를 되돌리고 싶을 때 과거로 돌아갔다. 그뿐만 아니라 짜릿한 순간을 다시 반복하고 싶을 때도 시간여행의 능력을 사용했다. 내게 만약 그런 능력이 생긴다 해도 특별한 걸 하지는 않을 것 같다. 다만 즐기지 못했던 봄을 누리고 싶다. 길을 걸을 때만이라도 시험생각을 접어두고 꽃들을 바라보고 싶다. 그랬다면 오히려 시험에 대한 불안감에서도 좀 더 자유로울 수 있었을지 모른다.

＼ 　긍정적인 것에 집중하라

그런데 이런 상상이 아주 터무니없는 건 아닌 듯하다. 실제로 두려움을 느끼는 일을 평소에 자주 걱정한다고 해서 일이 더 잘 해결되는 건 아니다. 어떤 일들은 우리의 한계를 넘어선 부분이 분명히 존재한다. 불안을 주는 경험을 모두 제거할 수는 없다. 그럴 때는 해결할 수 없는 문제에 한없이 매달리기보다는 시선을 긍정적인 것에 머무르게 하는 것이 현명하다.

하버드 의과대학의 스리니바산 필레이 교수는 긍정적인 것에 집중해야 하는 이유를 뇌과학의 측면에서 설명한다. 무의식적인 두려움의 문제는 뇌가 항상 부정적인 일을 기대한다는 점이다. 뇌가 불안에 사로잡혀 있기 때문이다. 그래서 점점 더 불안을 주는 요인에 주의를 기울이게 된다. 일종의 관성으로, 단지 두려움이 더 자극적인 감정이기 때문이다. 멋진 풍경을 보며 느끼는 즐거움보다 시험에 대한 불안이 더 자극적이기 때문에 뇌가 더 쉽게 압도된다는 것이다. 하지만 의식적으로 긍정적인 것에 주의를 기울이는 연습을 반복하다 보면 긍정적인 감정이 편도체 활성화를 지배한다고 그는 설명한다. 단지 주의를 이동시키는 것만으로도 불안을 낮출 수 있다.

하지만 불안을 낮추는 것과 행복감을 높이는 것은 또 다른 문제다. 불안이나 우울과 같은 병리적인 주제를 주로 다루었던 심리학이 긍정적인 주제에 관심을 갖게 된 것도 그 때문이다. 특히 상담 및 임상심리학 분야는 마음이 아픈 사람들을 진단하고 치유하는 것이 주된 역할이기 때문에 부정적인 감정을 연구하고 어떤 치료법이 효과적인지 연구하는 게 중요하다. 따라서 부정적 정서를 줄여서 긍정적 정서를 끌어올리고자 한다. 하지만 정서를 연구한 학자들은 불행하지 않은 것과 행복해지는 것에 차이가 있다는 것을 발견했다. 불행의 감소와 행복의 증가에 기여하는 요인들은 서로 다르다. 불행을 감소시킨다고 해서 행복지수가 올라가지는 않는 것이다. 이를 긍정·부정 정서의 독립성independence이라고 한다. 정서의 독립성에 대한 발견은 행복연구로 시선을 확장시킨 계기이기도 하다. 쉽게 생각해보면 며칠 굶주린 사람이 고구마 하나를 먹는 것은 불행을 감소시키는 것이라면, 사람들이 일상에서 좋아하는 사람과 맛있는 음식을 함께 먹으려고 하는 것은 행복의 증가를 위한 것이라고 볼 수 있다. 전자가 허기짐을 달랜 이후 고구마를 더 많이 먹는다고 해서 행복지수가 증가하지는 않는다.

행복 분야의 권위자인 일리노이 대학교의 에드 디너 교수는 〈행복은 긍정적인 정서의 강렬함이 아니라 빈도〉라는 논문을 통해 행복은 강렬하게 느끼는 것보다 여러 번 자주 느끼는 것이 더 중요하다고 하였다. 즉 복권 당첨과 같은 한 방이 아니라, 일상에서 소소한 기쁨을 자주 느끼는 것이 행복지수에 영향을 준다는 것이다. 흔히 일확천금, 값비싼 물건을 소유하는 것, 1등을 하는 것, 명문대에 들어가는 것이 엄청난 행복을 줄 거라고 생각하지만 우리는 금세 적응하고 무뎌져버린다. 그런 것들이 기쁨을 주는 것은 맞지만 지속적인 행복감을 주지는 않는다. 오히려 쾌락의 속성에 따라 더 자극적인 기쁨을 찾으려 할지도 모른다. 그래서 강력한 한 방은 웬만한 즐거운 일에 기쁨을 느끼지 못하게 하는 역효과를 가져오기도 한다. 일례로 복권당첨자들을 추적한 연구에서 그들의 행복감이 당첨되지 않은 이들과 별 차이가 없었다는 것을 확인했다. 부와 명예로 남부러울 것 없어 보이는 연예인들이 우울증에 걸리거나 공황장애를 겪는 사례가 많은 것도 이러한 관점에서 이해해볼 수 있을 것이다.

소소한 기쁨을 자주 느끼는 것이 '한 방'보다 행복에 더 큰 기여를 한다는 것은 언젠가부터 한국에서 동경의 대상이 된 북유럽 국가들을 봐도 알 수 있다. 그들의 행복이 탄탄한 복지제도나 정부 때문일 것 같지만 보만스Bormans가 수집한 행복 연구에 의하면 그들은 자유, 타인에 대한 신뢰, 다양성에 대한 존중으로부터 행복을 느낀다고 확인된다. 일상의 소소한 즐거움과 의미에 가치를 두는 것이다. 따라서 행복해지는 것이 궁극적인 목표라면, 불안을 없애는 것과 별개로 긍정적인 것들에 관심을 돌리는 태도가 필요하다. 또 강력한 한 방이 아닌 일상에서 소소한 기쁨들을 자주 느낄 수 있는 방법을 찾아내는 것이 더 좋겠다.

\ **철저히 현재를 사는 인간**

심리학자 중에서도 인간의 긍정적인 면에 집중한 학자가 있다. 인간중심치료를 개발한 상담심리분야의 거장인 칼 로저스다. 그는 긍정적인 인간관을 가진 대표적인 심리학자이다. 프로이트가 인간을 성적 충동이나 공격적 충동에 결정되는 존재로 보았다면, 로저스는 인간 본성에 대한 긍정적인 믿음이 확고했다. 그의 이론에 의하면 인간은 신뢰할 수 있고 스스로 자원을 만들어내는 존재다. 또한 건설적인 변화를 일으킬 수 있는 힘이 있다. 적절한 환경만 조성된다면 자연스럽게 긍정적인 방향으로 성장해간다.

그가 창시한 상담기법인 인간중심치료 또한 치료자의 역할보다 내담자의 힘을 믿어주는 치료기법이다. 현재 보편화된 상담기법이 로저스의 이론을 바탕으로 하고 있을 정도로 그는 상담심리분야에서 영향력이 크다. 그는 자신의 인간관에 의거해 가장 이상적인 인간상으로 '완전히 기능하는fully functioning' 인간을 제시한다. 그가 생각하는 가장 성숙한 인간이며 인간 본성에 기대어 최대치를 발현한 모습이다. 현재 자신의 자아를 완전히 자각하는 사람이다. 자신의 잠재력을 인식하고 능력을 발휘하여 자신에 대한 완벽한 이해와 경험을 풍부히 하는 방향으로 이동해나가는 개인을 의미한다. 그는 누구나 이 인간상에 도달할 수 있다고 믿었다.

　　이러한 인간상의 대표적인 특징은 '실존적 삶'을 산다는 것이다. 실존적인 삶을 산다는 것은 철저히 현재의 순간을 사는 것을 말한다. 매 순간에 충실히 삶을 영위하는 것이다. 흔히 우리는 인간이 과거를 후회하고 미래를 걱정하며 사는 존재라고 말한다. 이는 실존적인 삶의 방식이 아니다. 과거는 기억 속에서 왜곡되기 마련이고, 미래는 말 그대로 아직 오지 않은 불확실의 시간이다. 우리는 오로지 현재만을 제대로 볼 수 있다. 지난 일과 오지 않은 일 때문에 전전긍긍하며 간신히 불안을 피해서 사는 삶은 실존적인 삶이 아니다.

＼　바로 지금, 여기

실존적 삶을 사는 사람에게는 '지금, 여기'가 중요해진다. 현재라는 것은 바로 지금, 바로 여기 이상이 아니기 때문이다. 과거에 매여 있지 않고 미래에 끌려가지 않는다. 물론 지나간 시간이 무의미하지 않고 미래를 대비하지 않을 수도 없지만 '지금, 여기'의 순간은 딱 한 번 왔다가 영영 멀어져버리기 때문이다. 또한 아무리 기쁜 일도, 괴로운 일도 순간일 뿐이라는 것을 아는 까닭이다. 모든 것이 순간에 지나지 않는다는 것을 아는 사람은 그 순간을 누구보다 충분히 음미한다. 기쁨을 유보시키지 않음으로써 '지금, 여기'를 풍요롭게 만든다.

문학작품에서 '지금, 여기'를 사는 인물은 단연 조르바이다. 그리스 작가 니코스 카잔차키스의 대표작품인 《그리스인 조르바》의 조르바는 실존인물이다. 작가는 자유롭고 풍요롭게 삶을 살아가는 조르바를 만난 후 그에게 매료되어 이 소설을 썼다.

나는 어제 일어난 일은 생각 안 합니다. 내일 일어날 일을 자문하지도 않아요. 내게 중요한 것은 오늘 이 순간에 일어나는 일입니다. 나는 자신에게 묻지요. '조르바, 지금 이 순간에 자네 뭐하는가?' '자고 있네.' '그럼 잘 자게.' '조르바, 지금 이 순간에 자네 뭐하는가?' '일하고 있네.' '잘해보게.' '조르바, 자네 지금 이 순간에 뭐하고 있는가?' '여자에게 키스하고 있네.' '조르바, 잘해보게. 키스할 동

안 딴 일일랑 잊어버리게. 이 세상에는 아무것도 없네. 자네와 여자밖에는. 키스나 실컷 하세.'

___ 니코스 카잔차키스, 《그리스인 조르바》 중에서

그의 생각은 단순하고 유머러스하다. 현재를 살아간다는 것은 이렇게 가벼운 느낌일까. 그는 매 순간 에너지가 넘친다. 마치 매일 새 물이 솟아 나오는 샘물 같다. 불필요하게 에너지가 소진되는 일이 없기 때문이다.

깊이 있어지는 만큼 가벼워지는 것도 중요하다. 인생의 의미를 찾고 '왜 사는가'라는 질문에 답을 찾아가며 깊이를 더해가는 만큼, 지금 내 눈앞에 있는 것에 집중하는 가벼움도 필요하다. 설령 내일은 힘겨운 출근길에 오를지라도 오늘 밤은 개그 프로그램을 보며 까르르 웃을 수 있는 것. 무거움만큼 가벼움도 우리를 잘 살게 하는 힘이다. 어떤 때는 그것이 전부일지도 모른다. 조르바는 "나는 순간순간이 영원이라는 것을 알고 있었다"라고 말한다.

나는 사람이 겨우 터득하는 그 방법을 이미 몸소 실천하고 있는 존재를 만났다. 그건 바로 우리 집 개였다. 부모님 댁에서 키우던 개는 다리가 긴 푸들이었다. 그는 나를 아주 오랜만에 만나도 긴 다리로 내 키만큼 펄쩍펄쩍 뛰었다. 외출하고 돌아와도 또 펄쩍펄쩍 뛰고 꼬리를 힘껏 흔들었다. 가족들이 나갈 준비만 해도 그 불안감에 책상 밑 구석으로 들어가 덜덜 떠는 아이가 다시 만나면 늘 한결같이 또 반가워했다. 삐질 법도 한데, 또 혼자 둘까 봐 염려하는 것도 없었다. 의심도 없고 뒤끝도 없었다. 그 모습 때문에 더 마음이 짠하고 미안했지만 현재를 산다는 사실만은 분명했다.

《참을 수 없는 존재의 가벼움》의 작가 밀란 쿤데라도 나처럼 개의 모습에서 통찰을 얻은 듯하다. 그는 개는 원형의 시간을 살고, 인간의 시간은 직선으로 나아간다면서 행복은 원형의 시간 속에 있다고 말한다. 과거와 미래 때문에 현재의 행복을 놓치는 게 인간의 운명이라는 것이다.

현재를 살아내는 실존적 삶의 방식은 소녀의 모습을 떠올리게 한다. 언젠가 리얼리티 프로그램에서 지금은 고인이 되신 배우 김자옥 씨가 가게에서 들려오는 음악을 듣고 흠뻑 취해 춤을 추는 것을 본 적이 있다. 자유로운 몸짓의 그녀는 스태프들에게 '춤추자, 같이~'라며 특유의 애교 섞인 목소리로 말한다. 전혀 작위적이지 않고 보는 나까지 웃음 짓게 만들어서 기억에 남아 있다. 더할 나위 없이 행복해 보이는 표정과 행복을 권하는 듯한 목소리, 흥에 겨운 몸짓은 행복 그 자체였다. 현재의 기쁨에 흠뻑 취해 있는 듯했다. 그 순간의 그녀는

그저 한 명의 소녀였다. 조약돌 굴러가는 것만 봐도 웃음이 터지고, 소설을 읽으며 감성에 흠뻑 젖을 것 같은 소녀. 춤추는 그녀의 모습을 보며 아들러 심리학을 다룬 《미움받을 용기》의 한 구절이 생각났다.

> 인생이란 지금 이 찰나를 뱅글뱅글 춤추듯이 사는 찰나의 연속이라고, 그러다 문득 주위를 돌아봤을 때 "여기까지 왔다니!" 하고 깨닫게 될 걸세. 어쨌든 저마다 다른 장소에 다다를 거야. 단 그렇다고 해서 그 누구의 삶도 '길 위'에서 끝났다고 볼 수는 없어. 춤을 추고 있는 '지금, 여기'에 충실하다면 그걸로 충분하니까.
>
> __ 기시미 이치로, 《미움받을 용기》 중에서

서두에서 언급했던 영화 〈어바웃 타임〉의 결말은 이러하다. 팀은 여러 번 과거로 돌아가 몇 가지의 일들을 바꾸어놓았다. 하지만 정작 큼직큼직한 일들은 바꾸지 못했다. 그리고 어느 시점부터는 결국 과거로 돌아가는 능력을 쓰지 않게 된다. 아무리 시간여행의 능력이 있다고 해도 일어날 일은 결국엔 일어난다는 것을 깨달았기 때문이다.

이제 우리는 스스로 이런 질문을 던져보면 좋을 것 같다.

'어떠한 순간을 한 번 더 살 수 있다면, 과연 인생이 완벽해질 수 있을까?' 영화 속의 팀은 이렇게 답해줄 것 같다. 시간을 되돌려 순간을 바꾸는 것보다 매 순간을 완벽하게 살아내는 게 더 중요하다고, 후회나 미련보다 현재를 어떻게 사느냐가 인생을 더 가치 있게 만들어줄 것이라고 말이다. 그게 바로 그가 과거로 돌아가는 대신 현재를 100% 음미하는 삶을 선택한 이유일 것이다.

나 또한 시간여행의 능력이 주어진다고 해도 별 수 없을 것이다. 시험기간이면 발만 동동거리다가 시험기간이 끝나면 꽃이 다 졌다고 한탄할지도 모른다. 그보다는 요즘 내가 놓치고 있을지 모를 집 주위의 풍경들을 돌아보는 게 더 좋을 것 같다. 그 어느 순간보다 완벽한 '지금, 여기'를 위해서.

Chapter

③

일터의 불안

주인이 될 것인가,
노예가 될 것인가

내가 일을 싫어하는 까닭은 분명하고도 정당하다.
일은 나를 나 자신으로부터 소외시키기 때문이다.
부지런을 떨수록 나는 점점 더 나로부터 멀어져서,
낯선 사물이 되어간다.

＿ 김훈, 《밥벌이의 지겨움》 중에서

슬픈 일이 아닐 수 없다. 살기 위해서는 일을 할 수밖에 없는
데, 그 노동이 나를 소외시킨다니. 하지만 밥벌이가 고달프다

는 사실에 대해서는 누구나 알고 있다. 이른바 금수저가 아니고서야 직장일이 마냥 편하기만 한 사람이 누가 있을까. 그런데 '일'이라는 것의 본질이 오래전부터 슬픈 것이었나 보다. 노동labor의 어원은 고대 그리스어 'Ponos'로, '슬픔'이라는 뜻을 가지고 있다. 라틴어 'labor'는 고통이 수반되는 극도의 노력을 뜻하며 이와 어원의 뿌리가 같은 'labare'라는 단어는 '짐을 진 채 비틀거리며 걷다'라는 뜻이다. 먼 과거의 단어 하나일 뿐인데 현대 직장인들의 애환이 그려진다.

＼　시지프스의 허무감

쉽지도 않은 일을 매일매일 반복해야 하는 직장인으로 살다 보면 머릿속에 가파른 언덕 위로 바위를 굴리는 한 인간이 떠오른다. 그리스 신화에 등장하는 시지프스Sisyphus이다. 그는 코린토스를 건설한 왕으로, 꾀가 많고 교활한 성격을 지녔다고 전해진다. 그는 신들의 비행을 엿보고 일러바치는 등 신들이 하는 일을 망치곤 했다. 신들의 입장에서는 아주 약 오르는 일이다. 결국 분노한 신들이 시지프스에게 가혹한 형벌을 내린다. 그 형벌은 커다란 바위를 산꼭대기까지 밀어 올리는 것이다. 이 일이 가혹한 이유는 정상에 다다르면 바위를 다시 아래로 떨어뜨려 또다시 밀어 올리는 일을 무한히 반복해야 했

기 때문이다. 시지프스는 바윗돌이 또다시 떨어질 것을 알면서도 계속해서 산꼭대기로 밀어 올린다. 끝도 없는 일이다. 바윗돌이 무거운 이유는 육중한 무게 때문이 아니라 떨어질 줄 알면서도 밀어 올려야 하는 허무함과 똑같은 일을 반복해야 하는 지루함, 그리고 무가치함 때문일 것이다. 우리가 매일 반복되는 노동에서 느끼는 삶의 무게와 닮았다.

그런데 요즘은 직장인으로의 진입조차 어렵다. 바위를 굴려보기도 전에 이미 고행을 시작한다. 취직에 수많은 낙방을 경험하면서 시지프스의 허무감을 맛본다. 요즘 청년들처럼 자기소개서를 많이 써본 세대가 있을까. 졸업을 유예하면서까지 취업준비생들이 하는 일은 지원동기, 자신의 성장과정, 각오 등을 '복사+붙여넣기' 하는 것이다. 불합격을 확인하고 또다시 지원하는 일의 반복도 끝이 없는 것처럼 느껴진다.

그리고 가까스로 직장인이 되었다. 그들은 자기소개서에 썼던 것처럼 적극성과 애사심으로 살고 있을까. 과연 삶의 주인으로 살고 있을까.

＼ 직장인의 행복지수

글로벌 리서치기업 유니버섬Universum의 조사 결과 한국의 직장인 행복지수가 57개국 중 최하위권인 것으로 나타났다. 조사는 젊은 직장인들을 대상으로 진행됐으며 세부문항은 직장인의 만족도, 다른 사람에게 현 직장을 추천할 것인지 여부, 직장을 옮길 의향이 있는지 등으로 구성되었다. 행복지수가 가장 높은 나라로 덴마크와 노르웨이가 1, 2위를 차지했고 한국은 49위로 아시아 국가들 중에서도 하위권이다. 일을 한다는 것 자체가 고달픈 일인데 그중에서도 만족도가 가장 낮다니, 여기저기서 한국 직장인들이 시름시름 앓는 소리가 들리는 것 같다. 많은 고비와 역경 끝에 취업을 했지만 현실은 임금노동자 혹은 기업의 노예다. 하지만 우리는 자신의 노동을 팔아야만 돈을 벌 수 있고, 자본주의사회에서는 이것이 결국 자본의 시스템 안에 소속되는 일이다. 또, 우리는 안정성을 위해서 대기업이나 공무원을 희망하지만 큰 조직에 들어갈수록 기계의 부품처럼 일해야 한다. 조직의 효율을 위해 분업을 해야 하기 때문이다. 제조업이 아니더라도 컨테이너 벨트의 한 자리에 앉아 재빨리 움직여야 하는 것은 매한가지다. 주체성보다는 시킨 일을 제때 해내는 것이 더 중요하다. 그런데 이것은 곧 노예의 본분이 아니던가.

＼ 일에 대한 고민은 삶에 대한 고민

직장생활에 대한 만족도는 삶의 질과 관련이 높다. 직장에서의 스트레스는 우리가 느끼는 행복감에도 영향을 준다. 직장 생활 때문에 건강에 문제가 생기면 여가나 가정생활에도 적신호가 켜질 수밖에 없다. 정신적인 스트레스도 마찬가지다. 직장에서 생긴 스트레스는 퇴근 후에도 여전히 나를 괴롭힌다. 그 스트레스를 가정에서 풀어버린다면 부부싸움이나 가정불화로 이어질 수도 있다.

일이 삶 전체에 영향을 주는 이유는 단지 가장 많은 시간을 일하는 데 쏟기 때문만은 아니다. 헤겔은 노동이 사회 형성의 원리이자 인간의 본질이라고 하였다. 소설가 니코스 카잔차키스 또한《그리스인 조르바》에서 조르바의 입을 빌려 이렇게 말한다. "밥을 먹어서 뭐에 씁니까. 그걸 보면 사람을 알 수 있지요. 나는 일과 좋은 유머에 씁니다."

밥을 먹고 무얼 하는지를 보면 그 사람이 어떤 사람인지 알 수 있다. 그러니까 우리가 매일 밥을 먹는 일, 그리고 밥을 먹고 매일같이 하는 노동이 곧 나 자신이 어떤 사람인지를 보여주는 행위인 것이다. 이 말은 당신이 '무슨 일'을 하는지가 곧 당신이라는 말이 아니다. '어떻게' 일하고 있는지에 대한 것이다. 그래서 일에 대한 고민은 삶에 대한 고민이며 일을 어떻게 할 것인가는 어떻게 살아낼 것인가와 맞닿은 질문이다.

그런데 앞에서 말했듯이 우리는 시키는 일을 시간 내에

제때 하는 것만이 목적인 노예로 살고 있지는 않은가. 기계적으로 출퇴근을 반복하는 것, 직장에 대한 불만을 끊임없이 늘어놓는 것, 직장생활의 스트레스를 가정에서 푸는 것, 이것이 바로 노예의 모습은 아닐까. 직장생활의 권태와 허무는 이런 질문으로 나아가게 만든다.

＼ 성탄절이 지나자마자 일어난 일

우리에게는 직장생활을 버티는 힘이 필요하다. 그것은 우리가 '의미'를 추구하는 존재이기 때문이다. 정신과 의사이자 심리학자인 빅터 프랭클은 삶의 고통을 버티는 힘이 '의미를 찾고자 하는 의지'에 있다고 보았다.

우선 그가 '버티는 힘'에 대해 얘기하게 된 배경을 살펴보자. 그는 1905년 오스트리아에서 태어난 유태인으로 우울증과 자살에 관심이 많은 정신과 의사였다. 그러던 중 2차 세계대전이 발발해 유태인 강제수용소인 아우슈비츠에 갇혔다가 가까스로 살아남았다. 알다시피 그곳에서는 비인간적인 강제노역을 해야 했다. 살아나갈 가능성은 거의 희박한 곳이었다. 그는 생존자로서의 경험과 자신의 생각을 책으로 펴내 세계적으로 반향을 일으켰다. 그는 다음과 같은 경험을 고백한다.

F라는 동료 수감자가 어느 날 꿈에서 3월 30일이면 전쟁

이 끝날 것이라는 예언을 들었다. F는 그 말을 굳게 믿고 괴로운 나날 속에서도 희망을 가지고 버텼다. 하지만 3월 30일이 임박했을 때 뉴스를 통해 전쟁이 끝날 기미가 없다는 것을 알게 되었다. 29일에 F는 갑자기 아프기 시작했다. 30일에 의식을 잃었고 31일에 결국 죽었다. 사망의 직접적 요인은 발진티푸스였지만 사실상 절망감으로 신체의 저항력을 잃었던 것이다. 기대했던 해방의 날이 오지 않았다는 데 깊이 실망했고, 미래에 대한 희망과 살고자 하는 의지는 마비되었다. 프랭클은 이 사건을 포함한 사례들과 자신의 체험을 통해 용기와 희망 혹은 그것의 상실과 같은 인간의 정신상태와 육체의 면역력이 얼마나 밀접한 연관을 가지는지 알게 되었다.

실제로 수용소에서는 1944년 성탄절에서 1945년 새해에 이르기까지 일주일간 사망률이 급격히 증가했다. 수용소에서 일했던 주치의들은 이것이 기근이나 전염병 때문이 아니라 대부분의 수감자들이 성탄절에는 집에 갈 수 있을 것이라는 막연한 희망을 품고 있었기 때문이라고 분석한다. 프랭클은 이렇게 자신의 체험과 많은 사례를 보고 들으면서 살아야 할 이유가 얼마나 중요한지 깨달았다. 니체의 명언은 그의 삶에 중요한 문장이 되었다. "왜 살아야 하는지 아는 사람은 그 어떤 상황도 견딜 수 있다."

＼ 의미로써 치료하다

다시 '의미'로 돌아와서, 프랭클이 의미를 추구하는 존재로서의 인간을 설명할 때 든 한 가지 예시로 존스홉킨스대학교의 통계조사가 있다. 48개 대학 7,948명의 학생들을 대상으로 자신에게 가장 중요한 것이 무엇인지를 물었다. 16%의 학생들이 '돈을 많이 버는 것'이라고 한 데 비해 78%의 학생들이 '자기 삶의 목표와 의미를 찾는 것'이라고 답했다.

그는 자신의 삶에서 의미를 찾고자 하는 노력을 인간의 원초적 동력으로 본다. 그리고 이 전제는 그가 창시한 '로고테라피'의 토대가 된다. 로고테라피는 의미를 뜻하는 그리스어 'logos'와 치료를 뜻하는 'therapy'의 합성어로 의미치료로 해석한다. 이는 환자가 삶의 의미와 직접 대면하게 하는 심리치료방법이다. 프랭클에 의하면 의미는 유일하고 개별적인 것으로, 반드시 그 사람이 실현해야 하고 또 그 사람만이 실현할 수 있다.

반복되고 고단한 직장인의 일상은 자신만의 의미를 찾음으로써 가치 있는 것이 된다. 프랭클이 말하는 것처럼 의미는 유일하고 개별적인 것이다. 상사로부터 하루 종일 시달린 직장인이 퇴근길에 사표를 쓰겠노라 굳게 다짐했다가도, 집에 와서 딸아이의 미소를 보면 스트레스를 씻은 듯이 날릴 수 있다. 이 직장인 가장에게 직장생활이 어떤 의미일지 짐작할 것이다. 하지만 의미는 때로 현실에 질문을 던지게 하고 반항하게도 한다. 기계적으로 수동적인 삶을 살던 이가 갑자기 길을 멈추게 될 수도 있다. 아래의 사례처럼 말이다.

＼　질문을 던지기 시작하는 사람

소위 명문대로 불리는 대학캠퍼스에 어느 날 대자보가 붙었다. 〈오늘 나는 대학을 그만둔다. 아니, 거부한다〉라는 제목이었다. 길고 긴 대자보의 내용은 오늘날의 대학이 진리나 정의는 잃고, 상품을 제작하는 데 지나지 않는 기업처럼 되어버린 것에 대한 비판이다. 또한 명문대 입학이라는 첫 번째 관문을 통과했지만 취업이라는 두 번째 관문 앞에서 자신이 끝이 없는 트랙에 있음을 깨달은 내용, 그리고 언제까지고 계속 남들을 쫓아 살아야 하는 씁쓸한 현실에 대한 질문들이었다.

> 이제 나의 이야기를 시작하겠다. 이것은 나의 이야기이지만 나만의 이야기는 아닐 것이다. (중략) 젊은 놈이 제 손으로 자기 밥을 벌지 못해 무력하다. 스무 살이 되어서도 내가 뭘 하고 싶은지 모르고 꿈을 찾는 게 꿈이어서 억울하다. 이대로 언제까지

쫓아가야 하는지 불안하기만 한 우리 젊음이 서글
프다.

나는 대학과 기업과 국가, 그리고 대학에서 답을
찾으라는 그들의 큰 탓을 묻는다. 깊은 분노로. 그
러나 동시에 그들의 유지자가 되었던 내 작은 탓을
묻는다. 깊은 슬픔으로. '공부만 잘하면' 모든 것을
용서받고, 경쟁에서 이기는 능력만을 키우며 나를
값비싼 상품으로 가공해온 내가 체제를 떠받치고
있었음을 고백할 수밖에 없다. 이 시대에 가장 위
악한 것 중에 하나가 졸업장 인생인 나, 나 자신임
을 고백할 수밖에 없다.

그리하여 오늘 나는 대학을 그만둔다. 아니, 거부
한다. 더 많이 쌓기만 하다가 내 삶이 한번 다 꽃피
지도 못하고 시들어버리기 전에. 쓸모 있는 상품으
로 '간택'되지 않고 쓸모없는 인간의 길을 '선택'하
기 위해. 이제 나에게는 이것들을 가질 자유보다
는 이것들로부터의 자유가 더 필요하다. 자유의 대
가로 나는 길을 잃을 것이고 도전에 부딪힐 것이고
상처받을 것이다. 그러나 그것만이 삶이기에, 삶의

목적인 삶 그 자체를 지금 바로 살기 위해 나는 탈주하고 저항하련다. 생각한 대로 말하고, 말한 대로 행동하고, 행동한 대로 살아내겠다는 용기를 내련다.

학비 마련을 위해 고된 노동을 하고 계신 부모님이 눈앞을 가린다. '죄송합니다, 이때를 잃어버리면 평생 나를 찾지 못하고 살 것만 같습니다.'

2010년 봄에 있었던 고려대 경영학과 3학년 김예슬 씨의 이야기다. 이 대자보와 1인 시위에 대학생뿐만 아니라 많은 직장인 또한 공감했다. 그녀는 '명문고 진학-명문대 진학-대기업 취업'의 반강제적 트랙 안에서 처음으로 자신에게 질문을 던졌고, 왜 공부해야 하는지에 대한 의미를 찾으려 했을 것이고, 반항해야 함을 깨달았을 것이다. 그녀는 비로소 그 질문으로 무엇이 자신을 소외시키고 있는지를 알게 된 것이다. 이대로 취업을 준비하여 직장인이 된다면 똑같은 회의감을 반복할 것이라고 예감했던 것이다. 대학을 쉽게 포기할 수 없듯이, 직장 또한 어렵게 들어갈수록 쉽게 그만둘 수 없을 것이다. 하지만 어렵게 시작한 일일수록 허무와 실망감은 더 크게 느껴지는 법이다. 그래서 많은 이들이 마음의 병을 앓고 있다. 모두들 열심히 살기에 익숙해진 사람들이고 열심히 살아야만 한다고 받아들인 사람들이기 때문이다.

사상 유례없이 취업이 어려워졌고 실직률도 높아졌다. 그런데 이렇게 먹고살기 힘들어진 때에 인문학 열풍이 불었다. 정작 인문대생들은 취업이 어려워졌는데 말이다. 인문학은 인간의 근원적인 문제와 가치를 탐구하는 영역이다. 이런 현상은 열심히 살아야 할수록 허무와 가까워지는 인생의 아이러니를 말해주는 것은 아닐까. '삶은 무엇인가?' '내가 잘 살고 있는 걸까?' '어떻게 살아야 맞는 거지?'라고 묻지 않을 수 없기 때문이 아닐까. 이 질문을 통해 우리는 필연적으로 주인과 노예 사이에서 불안한 줄타기를 하게 된다.

＼　이유 있는 이야기

《월든》이라는 고전으로 잘 알려진 헨리 데이비드 소로는 "나는 누구에게 강요받기 위해 세상에 태어난 것이 아니다. 나는 내 방식대로 숨을 쉬고 내 방식대로 살아갈 것이다. 누가 더 강한지는 두고 보도록 하자"라고 말했다. 주인이 되기 위해 직장에 사표를 던지고 뭔가 엄청난 길을 가야 한다는 것이 아니다. 똑같은 직장에서 똑같은 연봉을 받으면서도 강요된 일상을 사는 사람이 있는가 하면 자신만의 이유 있는 삶을 사는 사람도 있다. 하루는 똑같아 보일지라도 그들은 분명 다르다. 직장인이 되고 나면 입사에 대한 안도감, 감사함, 신입으로서의 패기가 끝나는 자리에 권태 혹은 불만이 자리한다. 그리고 회사나 사회를 쉽게 비난한다. 하지만 불만만 품는 사람은 아무것도 바꿀 수 없다.

그래서 질문을 던져야 한다. '나는 왜 이 직장을 다니고 있지?' '내가 왜 이렇게 고단한 출퇴근길을 버티고 있지?' 그 의미를 고민하고 온전히 가슴에 품고 있을 때 노예가 아닌 주인이 된다. 자신이 일을 왜 해야 하며 어떻게 해야 하는지 아는 사람은 김예슬 씨가 대자보에서 말한 것처럼 '자신만의' 이야기를 만들어가고 있을 것이 분명하다. 자신만의 이야기에서는 누구나 노예가 아닌 주인공이다. 주인으로서 삶을 일구어 나간다. 자신의 운명을 피하지 않고 능동적으로 행동할 때 굴러떨어진 바위를 반복해서 밀어 올리는 시지프스의 지루한 행위는 비로소 이야기가 된다.

무대 장치들이 문득 붕괴되는 일이 있다. 아침에 기상, 전차로 출근, 사무실 혹은 공장에서 보내는 네 시간, 식사, 전차, 네 시간의 노동, 식사, 수면 그리고 똑같은 리듬으로 반복되는 월, 화, 수, 목, 금, 토, 이 행로는 대개의 경우 어렵지 않게 이어진다. 다만 어느 날 문득 '왜'라는 의문이 솟아오르고 놀라움이 동반된 권태의 느낌 속에서 모든 것이 시작된다.

_ 알베르 카뮈, 《시지프 신화》 중에서

주말이 끝나면 또다시 월요일이다. 수많은 시지프스가 또다시 바위를 밀어 올리기 위해 출근길에 오른다. 자신만의 이유 있는 이야기를 이어가기 위해.

꿈,
있어도 없어도
두려워

'꿈이 꿈인 채로 남을까 봐 두려워.'

언젠가 동갑내기인 친구가 보내온 메시지였다. '맞아, 나도 그래'라고 짧게 답했지만 마음은 공감 이상이었다. 그 말의 뒷면에 있는 불안을 나도 함께 느끼고 있었다. 그때 우리는 둘 다 결혼을 앞두고 있었다. 그녀도 나도 각자의 꿈이 있었지만 만족할 만큼 무언가를 이루기엔 아직 갈 길이 멀었다. 그 꿈을 놓지 않고 꾸준히 걸어가기만 하면 언젠가는 실현할 것이라는 것도 알고 있었다. 하지만 우리는 두려웠다. 나의 의지와 상관

없는 현실의 벽을 너무 잘 알기 때문이었고 내 정신력을 믿지 못했기 때문이기도 했다.

특히 결혼생활이 걸림돌이 되지는 않을까 우려했다. 결혼 혹은 육아, 그 선택에 대한 무거운 책임을 잘 알고 있었다. 차라리 아무것도 모르는 철부지였다면 걱정하지도 않았을 것이다. 친구는 결혼하여 지난 봄 예쁜 아기를 낳았고 육아와 일을 병행하면서 부지런히 지내고 있다. 여전히 균형을 잡기 위해 무던히 애쓰고 있다는 것도 느낄 수 있다.

＼ 꿈에 대한 두 가지 질문

TV드라마에서는 술에 취한 사람이 "크아, 내가 ○○만 아니었어도 이렇게 살고 있지는 않을 거라고!"라며 한탄 섞인 목소리로 말하는 장면이 종종 나온다. 우리가 실제로도 가끔 들을 수 있는 대화 패턴이다. 부모 때문에, 가난 때문에, 이런저런 현실 때문에 지금 내가 이 정도밖에 안 되는 거라는 일종의 합리화다. 예전에는 그런 모습이 한심하다는 생각도 했는데 이제는 그런 사람을 조금은 이해한다. 이루지 못한 꿈을 두고 자신을 탓하는 것보다 남 탓을 하는 게 훨씬 쉬운 방법이기 때문이다. 실제로는 나의 열정이 부족했기 때문이더라도 말이다. 그걸 인정하는 것은 얼마나 큰 용기를 필요로 하는가.

때때로 친구가 말한 문장이 가슴속에서 울리는 것을 듣는다. 그렇다. 나는 내가 원하는 꿈을 이루지 못할까 봐 두렵다. 꿈은 꿈인 채로 남아 있고 미래의 내 아들딸에게 "엄마는 옛날에 이런 꿈이 있었어"라고 과거형으로 말하게 될까 봐 두렵다. 혹은 이루지 못한 꿈에 대해 남 탓을 하는 자신을 발견하게 될까 봐. 그래서 지금 이렇게 노력하고 있는 것인지도 모른다. 인정을 받지 못하거나 밥벌이를 못하는 게 두려운 것은 아니다. 그보다는 이루지 못한 꿈을 두고 후회하거나 남을 원망할 모습이 두려운 것이다. 물론 그만큼 내 꿈이 간절하다는 뜻이기도 하다.

한편 완전히 반대의 걱정거리를 가진 사람들도 있다. "난 특별히 하고 싶은 게 없어"라고 말하는 사람들이다. 하나의 꿈을 오래 품고 있던 나로서는 신기하지만 생각보다 많은 사람이 이런 생각을 한다. "회사 관두고 싶어. 그런데 그렇다고 간절히 하고 싶은 다른 일이 있는 건 아니야." "이직하고 싶어. 하지만 가고 싶은 다른 회사가 있는 건 아니야"라고 말하는 사람들부터, 현재에 충분히 만족하며 사는 사람들까지. 그들에게는 특별히 꼭 해내고 싶은 무엇이 있지는 않다. 꿈이니 성공이니 하는 말들이 오히려 불편하게 느껴진다. 이렇게 되물을지도 모른다. "꿈이 없는 나, 비정상인가요?"

＼　꿈을 이루지 못하면 어쩌지?

우리네 어머니 세대만 해도 대부분이 자녀를 낳고 기르면서 전업주부로 전향하신 경우가 많았다. 지금 우리만큼 다양한 미래를 그리진 않았을지라도 각자 품었던 꿈이 있었을 것이다. 가부장제의 희생양은 어머니들만이 아니다. 가장으로서 경제력에 대한 무거운 책임감은 아버지들이 자신의 꿈보다 돈 버는 일에 집중하게 했다. 부모님 세대에게나 우리에게나 현실은 한결같이 녹록지 않다. 꿈과 현실의 괴리에서, 혹은 냉정한 현실세계에서 덜 괴로울 수 있는 방법은 최대한 무뎌지고 익숙해지는 것이다. 다른 선택지가 없다고 믿는 것이 제일 쉬운 방법일지 모른다. 하지만 가혹한 현실의 모습만큼이나 우리의 욕구 또한 만만치는 않다.

무대에서 노래하는 가수
꽃집 주인
카페 사장님
세계일주
돌고래에게 밥 주는 사람
동화작가
제주도 펜션 주인

주위 친구나 지인들에게 들었던 꿈들 중 인상적이었던 것의 목록이다. 우리의 일상이 매우 단조로운 것에 비해서 각자의 꿈들은 참으로 다양하고 낭만적이다. 마치 우리가 현실을 맛보기 이전의 모습, 모종의 순수함을 담고 있는 듯하다. 단순히 '부자가 되고 싶다'고 하는 사람도 있다. 금고에 돈을 쌓아두는 게 꿈이 아니라 가족을 위한 좋은 집을 사고, 부모님 호강시켜드리고, 자식들이 원하는 것을 아낌없이 해주는 게 꿈일 테다.

꿈을 품은 이들은 이것이 허황된 바람으로 끝나지 않을까 걱정을 하곤 한다. 하지만 두려움을 느끼는 것과 스트레스가 되는 것은 구분할 필요가 있다. 적당한 불안은 간절함의 연장선이다. 이루고 싶은 게 간절하면 당연히 이루지 못할까 봐 조바심이 난다. 도전하고 있는 중이라면 더더욱 그렇다. 내가 노력하는 것에 비해서 형편없는 결과가 돌아올까 봐 두려운 것이 당연하다. 하지만 스트레스를 지나치게 받아서 짜증이 난다면 그건 꿈이 아니라 그 자체로 일에 가까운 것 아닐까. 시간 안에 달성해야 하는 업무목표처럼 말이다.

꿈과 목표는 엄연히 다르다. 목표는 성취해내야 할 무엇이고, 꿈은 품고 있는 자체로도 의미가 되는 것이다. 목표는 등산과 같아서 정상을 찍는 게 중요하지만 꿈은 올레길을 건는 것처럼 가는 길 그 자체다. 축구경기에서 공이 골대에 들어가지 않았는데 필드에서의 몸짓이 갸륵하다고 해서 점수를 주지는 않는다. 골을 넣는 게 목표이기 때문이다. 하지만 국가대표 선수가 꿈인 초등학생이 처음 뛰어보는 시합이었다면 문제는 다르다. 그 경기 자체에 의미가 생긴다. 그래서 꿈이 있는 이들은 현실이 녹록지 않더라도 기꺼이 그 현실을 즐거움으로 바꾸는 힘이 있다. 꿈을 꾸는 게 의무는 아니지만 꿈을 버리지 않고 남모르게 노력하는 이들의 즐거움이 분명히 있는 것이다.

지금은 고인이 되신 박완서 작가는 한국전쟁 때문에 대학을 중퇴했다. 시간이 지나 평범한 아내이자 어머니로 살아가던 그녀는 단골 미장원에서 차례를 기다리며 뒤적거리던 잡지에서 장편소설 공모 공고를 보게 되었다. 가슴이 뛰었다. 그래서 가족들 몰래 틈틈이 소설을 썼다. 그 작품이 당선되어 소설가로 등단했는데 당시 나이가 사십 대였다. 그녀는 고인이 되기 직전까지도 성실하게 집필생활을 한 것으로 알려져 있다. 그리고 아직 등단하지 못한 워킹맘과 주부들의 희망 같은 존재가 되어주고 있다. 박완서 작가가 오래전에 가족들을 위해 밥을 짓고 빨래를 개며 소설을 구상하는 모습, 가족들이 잠든 사이 몰래몰래 글을 쓰는 모습을 상상하면 그 설렘이 내게도 전해지는 것 같다.

　　박완서 작가처럼 꼭 이름을 알리는 사람이 아니어도 꿈을 일구어나가는 사람들의 모습은 충분히 멋지다. 신촌 어느 골목에서 가판대를 운영하시는 아주머니에 대한 얘기를 들었다. 만학의 꿈을 가진 분이셨는데 한 평짜리 일터는 유일한 생계수단이었다. 돈을 벌어 주부학교를 다닐 수 있어서 행복하다고 하셨던 아주머니는 손님이 많으면 돈을 많이 벌어서 좋고, 손님이 적으면 틈틈이 책을 볼 수 있으니 감사하다고 했다. 바쁠 때는 화장실도 못 가고 길 위에서 더위와 추위를 고스란히 마주해야 하지만 누구보다 풍요로운 매일을 보내고 계시는 것이 틀림없었다.

　　꿈이라는 게 꼭 인생을 걸어야만 얻어지는 것은 아니다. 박완서 작가와 신촌의 아주머니처럼 제 역할에 충실하며 틈틈이 시도하는 작은 노력도 충분히 의미가 있다. 그리고 그 시간들이 모여 무언가 이룰 수 있다면 그야말로 금상첨화겠다. 꿈을 이룰 수 없는 이유들을 모아 현실을 한탄하는 구실로 만들기보다는 아주 작은 것부터 시작해보는 건 어떨까. 꿈까지 가진 우리가 그 풍요로움을 즐길 수 있다면 그 자체로 빛나는 시간일 것이다.

＼ 꿈이 꼭 있어야 하나요?

너무나 간절한데 현실도 전혀 만족스럽지 않다면 이미 어떻게든 그 꿈에 달려들었을 것이다. 하지만 그렇지 않다면, 지금의 상황이 주는 만족감도 분명히 있을 것이다. 평범하고 단조로운 일상이 주는 안정도 무시할 수는 없다. 현실은 누추하고 꿈은 화려하다는 생각은 잘못된 생각이다. 안정된 삶을 살면서 가슴에는 설레는 꿈을 품고 있는 것도 멋지지 않은가. '이루어내야만 해!' '도전해야만 해!' '성취해야만 해!'라는 강박이 현실마저 누추하게 만들어버리는 모습은 참으로 안타깝다.

현실과 이상의 괴리가 클수록 불만족감이나 불안은 높아진다. 어떤 꿈은 실현이 도저히 불가능한 것도 있다. 시도가 전혀 어려운 상황에서 그 꿈을 붙잡고 있다 보면 당연히 우울해질 수밖에 없다. 그러한 사실을 무기 삼아 자신의 불행을 정당화한다면 자꾸만 우울의 나락으로 빠져버릴 것이다. 꿈에 대해서는 성공과 실패로 나누는 이분법적 사고가 특히 어울리지 않는다. 혼자만의 멋진 꿈을 꾸고 있으면서 뜻대로 되지 않는다고 스스로를 한심하게 생각할 필요는 없다.

어렸을 때부터 알고 지내던 동생이 취업준비를 하고 있다기에 밥이라도 사줄까 해서 만났다. 나도 겪었던 불안한 시기여서 격려해주고 싶은 마음이었다. 어떤 일을 하고 싶냐고

했더니 특별히 하고 싶은 게 있는 건 아니고 일단 취업을 하고 싶단다. 오히려 내게 되묻는다. "누나는 저녁시간이나 주말에 보통 뭐해?" 그는 취업을 하고 나서 마음 편하게 쓸 수 있는 여가생활을 기대하고 있었다. 서핑을 하러 가거나 재밌는 취미생활을 하고 싶다고 했다. 여자친구와 더 다양한 추억을 만들고 싶다고도 했다. 고액 연봉이나 직장에서의 성공과 같은 야심은 없었다. 그저 취업을 하여 안정을 찾은 뒤 마음 편하게 일상의 즐거움을 만끽하고 싶은 것이다. 그는 순하고 둥글둥글한 성격에 사람들과 어울리는 것을 좋아한다. 그의 성격과 너무 잘 어울리는 삶이어서 나도 모르게 끄덕끄덕했다. 그리고 생각했다. 소박한 삶을 꿈꾸는 이들에게 요즘의 어려운 취업시장은 너무 가혹한 것이 아닌가 하고. 치열하게 준비를 해도 될까 말까 한 좁은 문을 생각하니 마음이 무거웠다.

꿈 없이 일상을 둥글둥글하게 사는 것으로 충분히 만족하는 사람들이 있다. 적당한 직장에 들어가서, 사람들과 잘 지내고, 좋은 사람 만나 가정을 꾸리고, 맛있는 거 먹으러 다니면서 살고 싶단다. 그들에게 직장은 현실의 균형을 맞춰가기 위한 도구이지 꿈의 실현과는 상관이 없다. 한 친구는 취업준비를 하면서 이런 고민을 털어놓았다. "특별히 하고 싶은 일이 없는데 대학원을 가야 하나? 대학원도 쉽진 않을 텐데 취업을 하긴 해야겠지? 돈은 벌어야겠지?" 그녀는 평범한 삶을 위해서 어떻게든 취업을 하였고 결혼을 해서 귀여운 아기도 키우고 있다. 그리고 육아휴직 후에는 고민 끝에 회사에 복귀하지 않고 전업주부의 삶을 택하였다. 맞벌이가 아니어서 수입이 줄었을 것이고 아직 아이가 어려서 체력적으로도 많이 힘들 테지만 스스로의 삶에 만족한다는 것을 느낄 수 있다. 그런 그녀에게 '도전하라' '치열하게 맞서 싸워라' '가슴 뛰는 꿈을 찾아라' '야망을 가져라' 같은 현대사회의 메시지들이 과연 와닿기나 할까?

＼　성취지향과 안정지향

한국에는 이렇게 안정지향적인 사람들이 훨씬 많다. 심리학자 토리 히긴스는 사람들이 세상을 이해하고 행동하는 방식에 따라 '성취지향'과 '안전지향'으로 나누었다. '조절초점이론Regulatory Focus Theory'이다. 다양한 국적의 사람들을 대상으로 연구한 임상시험 결과 미국의 65%가 성취지향형이고, 이탈리아와 스페인의 경우 성취지향형이 70%로 상당히 높았다. 그 반면 한국은 65%가 안정지향형이었다. 성취지향형은 플러스(+)의 상태로 가는 것이 목표인 반면 안정지향형은 0을 지키는 것이 중요하다. 이러한 차이는 양육환경뿐만 아니라 사회적 분위기에 따라서도 달라진다고 히긴스는 설명한다. 각 사회가 '도전'을 어떻게 바라보는가와 밀접한 관련이 있기 때문이다. 미국은 '아메리칸 드림'이라는 단어가 상징하는 것처럼 많은 이민자의 꿈과 성공을 지지하는 분위기가 있다. 반면 우리나라는 특히 최근에 대학생이나 청년들이 도전을 꿈꾸기보다 안정을 유지하고 싶어 하는 분위기다. 그래서 가정을 꾸리고 직장이 있는 사람이라면 특별히 무언가에 더 도전하기보다는 지금의 안정을 계속 유지하는 게 중요한 일이다.

이렇게 안정된 삶을 바라는 이들에게 불안을 조장하는 건 오히려 사회인 듯하다. 언제부턴가 책이나 TV에서 꿈을 좇으라고 난리다. 서점의 자기계발서 코너에는 '꿈'이라는 단어가 포함된 책들이 셀 수 없이 많다. 꿈과 성공에 대한 유명인들의 강연도 이어진다. 소위 성공이라는 이력을 내세우며 말에 힘을 싣는다. 물론 간절한 꿈을 이루려는 이들에게는 도움이 되겠지만 그렇지 않은 이들은 '어, 난 특별한 꿈이 없는데… 내가 이상한 건가?' 하는 생각이 들 법도 하다. 마치 누구나 대단한 꿈 하나쯤은 가슴에 품고 있다는 것을 전제하는 것이다. 꿈을 이루는 방법을 대단한 비법처럼 알려주는 TV 앞에서, 어떤 사람들은 말할지도 모른다. "그건 그렇고, 오늘 저녁에는 뭐 먹지?"

거창한 꿈을 꾸지 않는 이들의 매력을 알고 있다. 큰 꿈을 좇느라 놓칠 수 있는 소소한 재미들을 맛보는 사람들이다. 출근은 괴롭지만 퇴근은 즐겁고, 퇴근 후나 주말에 맛있는 음식을 먹으면 그게 행복이다. 좋아하는 사람들을 만나서 차 한 잔 하고, 1년에 한두 번은 여행도 간다. 혹은 가족들과 무탈하게 지내는 평화로운 삶을 지향한다.

대학에 가고 적당히 취업을 해서 좋은 사람을 만나 평화로운 가정을 꾸리는 것, 그렇게 흘러가듯이 사는 삶도 멋진 인생 아닌가. 반복되는 일상에도 만족하고 소소한 즐거움을 행복이라 여길 수 있는 너그러운 삶인 것이다. 이렇게 사는 이들은 어쩌면 큰 꿈을 꾸는 건 그만큼의 수고로움을 불러온다는 걸 알고 있을지도 모른다. 꿈 없이도 삶의 핵심에 충실하며 사는 것이다. 그중에서도 특히 소박한 기쁨을 누리고 만족하는 사람들, 작은 것들을 볼 줄 아는 눈을 가진 사람들의 일상을 응원하고 싶다. 그럭저럭 살기에도 쉽지 않은 이 세상에서, 꿈이 있는 이들에게는 설레는 하루하루가 주어지고, 그렇지 않은 이들에게는 소소한 즐거움을 누릴 수 있는 기쁨이 이어지기를 바란다.

닮고 싶은 사람이
없는데요

어느 마을에서 산을 올려다보면 커다란 바위가 보인다. 그 바위는 마을을 내려다보고 있는데 아주 인자한 사람의 얼굴 같다. 마을에 사는 한 소년의 엄마는 아이에게 그 바위의 얼굴을 닮은 위대한 인물이 나타날 것이라고 전해준다. 바위의 얼굴과 닮은 그 인물은 인품이 좋고 훌륭한 인물이라는 것이다. 소년은 언젠가 그 인물을 만날 수 있기를 고대하며 가슴에 품고 산다. 큰 바위 얼굴에 대한 소년의 믿음은 소년의 행동이 되었다. 상상 속의 이미지를 가슴에 새기고 어떻게 하면 그런 멋진 사람이 될 수 있을까 고민하며 진실하고 겸손하게 소년은 살아간다. 시간이 지나 소년은 평범한 농부이면서 사랑과 자애, 진실을 전하는 설교가로 자라난다. 아주 먼 곳에서도 그의 설교를 듣기 위해 찾아올 정도다. 어느 날 설교를 듣기 위해 찾아온 한 시인이 그를 가리키며 외친다. "보세요, 어니스트 씨가 바로 큰 바위 얼굴을 닮은 사람입니다!"

＼ 닮고 싶은 직장상사가 있나요?

어렸을 때 동화책으로 읽었을 법한 이야기, 너새니얼 호손의 단편 〈큰 바위 얼굴〉의 줄거리다. 주인공 어니스트는 이상적인 인물을 가슴에 품고 그 사람처럼 되기 위해 끊임없이 고민하고 성찰하며 자라난다. 그러다 보니 결국 그를 닮은 사람이 되어 있었다. 이 소설 속에는 미지의 인물로 그려지지만, 현실에서 닮고 싶은 인물의 힘은 엄청나다. 자신을 그 방향으로 이끌어주기 때문이다. 어렸을 때 위인전을 읽거나 멋진 사람들의 얘기를 들으면 자연스럽게 닮고 싶은 마음을 갖는다. 어린아이들의 주위에 좋은 어른이 많다면 분명히 누군가는 그들을 닮아가게 될 것이다.

　　그렇다면, 어른이 된 우리는 직장에 닮고 싶은 상사가 있는가?

《퇴사학교》라는 책에서는 회사생활이 힘든 이유를 일곱 가지로 정리했다.

적성 __ 내가 원하는 일이 아니다.
성장 __ 회사에서 배우는 게 없다.
시간 __ 야근에 쩔어 있다.
관계 __ 사람이 힘들다.
공허 __ 아무리 노력해도 허무하다.
안주 __ 회사 안에서 정체된다.
문화 __ 군대식 문화가 괴롭다.

이 책의 저자는 대기업에 5년간 근무하다가 고민 끝에 퇴사를 하고 공백기 동안 깨달은 내용을 책에 담았다. 일곱 가지 이유 중 두 번째 이유인 '성장'에는 닮고 싶은 직장상사가 없는 경우가 포함된다. 닮고 싶은 사람은 어려운 직장생활에서 어느 정도 가이드라인이 되어주고, 직장 안에서 성장할 수 있는 요인이 된다. 그리고 좋은 롤모델이 되어주는 선배는 나의 미래를 그려볼 수 있게 한다. 나의 5년 뒤 모습, 10년 뒤 모습을 그려보게 하는 발판이 된다. 회사동료들과 얘기를 하다 보면 이런 얘기가 종종 나온다. "○○과장님 말이야, 내가 5년이나 10년 뒤에 그런 모습일 것을 생각하면 좀 갑갑해."

직장상사의 영향과 역할은 그들의 지시에 따르고 그들을 보며 회사를 다니는 부하직원들에게는 엄청나다. 그들이 직원들에게 주는 '믿음'의 역할은 그보다 더 크다. 상사가 주는 피드백이 중요한 이유다.

＼ 타인이 주는 믿음이 내 모습이 된다

미국의 사회학자 찰스 쿨리가 제시한 '거울자아'라는 개념이 있다. 거울 속 자신을 보는 것처럼 타인이 바라보는 내 모습이나 타인의 기대를 자신의 일부로 받아들이는 것을 뜻한다. 내가 나 자신을 인식할 때 '타인이 나를 어떻게 보는가'도 포함된다는 것이다. 타인은 내 모습 중의 일부만 보고서도 내가 어떤 사람인지 생각할 수 있으며 그 생각을 토대로 나에 대해서 어떤 특정한 기대를 가질 수 있다. 그런데 우리는 무의식적으로 그 기대에 부합하도록 행동하려고 한다. 결국 그 사람이 바라본 내 모습을 나의 일부로 흡수하게 되는 것이다. 만약 직장상사가 나를 성실한 사람으로 봐준다면 나는 그 기대를 실망시키지 않기 위해서 성실한 모습을 보이게 되고 그게 자신을 성실한 사람으로 만드는 것이다. 반대로 나를 부정적으로 평가한다고 느껴지면 내 자아상도 부정적이 될 수 있다.

이렇게 우리의 성장은 타인의 기대에 영향을 받는다. 그

래서 직장에 닮고 싶은 상사가 있는지뿐만 아니라 나를 믿어
주고 좋게 봐주는 사람이 있는지 여부는 중요한 역할을 할 수
밖에 없다.

＼ '모르겠음'의 벽

그런데 직장에 닮고 싶은 롤모델이 없다. 나를 믿어주고 긍정
적인 피드백을 해주는 사람도 없다. 직장생활은 권태롭고 그
렇게 방황하며 몇 년이 흘렀다. 직장에서 점차 입지를 굳혀가
야 할 시기이지만 열정적으로 해낼 만큼 좋아하는 일도 아니
다. 그저 주말을 기다리는 수밖에. 그래서 이따금씩 퇴사와 이
직을 고민한다. '내가 좋아하는 일이 무엇이지?' '내가 꿈꾸었
던 일이 무엇이지?'라는 질문에 맞닥뜨린다. 많은 사람이 이런
질문으로 방황을 시작하곤 한다.

소설《달콤한 나의 도시》등을 쓴 작가 정이현은 지금은
많은 장단편 소설집과 에세이집으로 문학상까지 거머쥔 인정
받는 소설가지만, 처음부터 소설가의 길에 들어섰던 것은 아
니다. 그녀는 20대에 가장 괴로웠던 것이 '나는 왜 하고 싶은
게 없을까?'라는 질문이었다고 한다. 대학에서 전공은 정치외
교학과였고 학교를 졸업한 뒤에는 사회 과목을 가르치는 학
원강사, 방송작가, 대학원생 신분을 이어갔다. 하지만 변함없

이 인생은 괴로웠고 현실은 불안했다. 20대 후반이 되자 많은 일이 잘 풀리지 않았다. 어느 순간 '이대로 살면 안 되겠다'는 생각을 했고, 고민 끝에 한 학기 다닐 등록금 정도로 서울예대 문예창작학과에 무작정 들어갔다. 시인이 되고 싶었기 때문이다. 고등학교를 졸업하자마자 진학한 학생들에 비하면 한참이나 늦은 출발이었지만 죽을힘을 다해 시를 쓰기 시작했다. 그러나 그마저도 좋은 평가를 받지는 못했고 교수님의 코멘트는 "시보다는 산문에 훨씬 재능이 많은 사람으로 보임"이었다. 그녀는 시를 포기하고 소설을 공부했다. 그렇게 소설가 정이현의 길은 시작되었다. 지금은 입지를 확고히 다진 인정받는 소설가에게도, 돌고 돌아온 과정이 있었던 것이다. 그리고 그 시작은 '나는 왜 하고 싶은 게 없을까?'라는 질문이었다.

질문을 하기는 쉽지만 정이현 작가처럼 그 길을 찾아 그 분야에서 인정받기까지의 과정은 너무나 멀어 보인다. 시간이 지날수록 오히려 더 막연하고, 내가 무얼 좋아하는지, 무얼 잘 할 수 있는지도 모르겠다. 많은 이가 이 '모르겠음'의 벽에서 멈추게 된다. 갈 곳이 있어야 현재의 자리를 박차고 나올 수 있을 텐데 갈 곳이 어딘지, 어디로 가고 싶은지도 모르겠으니 감히 도전할 엄두를 내지 못한다.

\ 하고 싶은 일을 쉽게 찾을 수 없는 이유

이것은 자연스러운 과정이다. 벽에 부딪힐 수밖에 없는 근본적인 이유는 우리가 경험해본 것들이 한정적인 탓이다. 많은 경험이 기반이 되어야 더 쉽게 적성이나 흥미를 생각해볼 수 있기 때문이다. 우리의 학창시절을 돌이켜보자. 성장과정에서 우리의 길은 이미 어느 정도 제한된 상태였다. 부모님들도 당시에는 정보가 많이 부족했다. 또한 그들 자신의 대리만족을 위해 그에 부합되지 않는 길은 애초에 닫아두었을지도 모른다. 지금도 크게 다르지 않을 수도 있지만 '좋은 직업'이라는 범위도 좁았다. 어른들이 그려볼 수 있는 우리의 미래가 다양하지 않았던 것이다. 그래서 그들이 막연하게 그려낸 획일적인 미래에 맞추어 우리는 또래 대부분과 거의 같은 경험, 같은 생각을 할 수밖에 없었다.

내가 무얼 하고 싶은지 쉽게 알 수 없는 또 다른 이유는 '정답'을 좋아하는 한국의 교육체계에 있다. 우리 대부분은 정답을 맞추는 데 익숙해져 있고 계속해서 그에 알맞은 과정만을 지나왔다. 12년의 교육과정 중에서 우리의 의견을 자유롭게 말하도록, 많은 것을 상상해볼 수 있도록 허락한 수업은 많지 않다. 그래서 우리는 어쩔 수 없이 닫힌 생각에 익숙해져 있다. 내가 무엇을 해야 행복한지, 무엇을 잘하는지, 무엇에 적성이 있는지 생각할 기회가 극히 적었던 것이다. 다양한 경험을 해보면 당연히 다양한 생각을 할 수 있고, 그 안에서 나 자신에 대해서 알 기회도 늘어난다. 하지만 '국영수' 쫓아가기도 힘든 학창시절에 우리가 나의 고유성에 대해 무엇을 깨달을 수 있었을까.

우리의 생각은 경험한 것들을 토대로 뻗어나간다. 제한된 경험, 획일화된 경험 속에서 우리의 생각은 자유롭지 못하다. 그리고 정답을 좋아하는 세상에 살면서 그 틀을 깨는 생각을 하기란 모험 그 이상이다. 그러나 누구나 타인과 겹치지 않는 고유성을 지니고 있어서 우리 안에는 다양성과 자유에 대한 욕망이 존재한다. 그런데 겉으로 비슷비슷해 보이는 삶을 살고 있으니 '내가 진짜 하고 싶은 것은 뭐지?'라는 갈등이 일어날 수밖에 없다.

만약 당신이 하고 싶은 일이 있다면 그건 축복이다. 그렇지 않은데 현실에 만족하지도 못한다면, 자신에 대해서 알아가는 과정이 필요하다. 미리 해보았다면 더욱 좋았을 그 경험들을 지금이라도 자신에게 주어야 한다. 그 경험 속에서 자신에 대한 이해가 시작될 것이다. 정이현 또한 한곳에 머무르지 않고 학원강사와 방송작가, 시를 공부하는 것 등 이것저것 경험해본 뒤에야 비로소 '소설가'의 길을 찾은 것처럼 말이다.

＼　자신의 고유성을 찾는 일

경험과 고민 속에서 찾아야 할 것은 '직업'이라기보다는 자신의 고유성이다. 자신만의 대체불가한 정체성, 나만이 할 수 있는 일과 관련된 것이다. 정혜윤 작가의《사생활의 천재들》이라는 에세이에는 자신의 고유성을 발현하는 여러 인물이 나온다. 그중 윤태호 작가의 이야기가 인상적이다. 그의 고유성은 뜻밖에도 열등감에서 시작되었기 때문이다.

그가 하는 일은 만화를 그리는 일이다. 더 정확히는 만화를 통해 메시지를 전달하는 일이다. 지금은 많은 작품이 영화화되고 직접 방송에도 출연하는 인기 만화가지만 어렸을 때의 모습은 지금과는 사뭇 다르다. 그는 유전적인 피부병이 있었다. 피부가 물고기 비늘 같은 결정으로 덮여 있다고 해서 '물고기 어魚'에 '비늘 린鱗', 어린선이라는 이름이 붙은 병이다. 겉으로 보면 갈라진 논두렁 같은 모습이다. 옮는 병으로 여겨져 공중목욕탕에서 쫓겨나기도 했다. 겉모습보다 더 심각한 문제는 피부가 호흡을 해야 하는데 땀과 열이 잘 배출되지 않아 몸이 심각한 불편함을 겪는 것이다. 어렸을 때는 다른 친구들에게 구경거리가 되었기에 점점 더 위축될 수밖에 없었다. 몸을 숨기기에 여념이 없었고 목까지 올라오는 티셔츠만 입었다. 그에게는 지금도 목을 움츠리는 습관이 있다. 그 피부병이 자신에게 준 영향은 엄청났다. 위축된 성격을 만들었기 때문이다. 최대한 숨죽이며 살게 되었고, 그래서 항상 존재감이 없었다. 거기다 고등학교 1학년 때 집이 쫄딱 망하면서 교과서를 사지 못할 정도의 형편이 되었다. 그는 방황의 시기에 들어섰다. 이런 경험은 자연스럽게 '마이너리티'의 애달픈 시선을 갖게 만들었다. 피해의식 때문에 눈치를 보느라 남을 많이 생각했던 것이 도움이 되었다고 그는 설명한다.

그런 그가 평생 거울을 앞에 두고 스스로에게 했던 질문이 있다. '난 왜 이런 몸으로 태어났을까?' '내가 뭘 잘못했길래 이렇게 태어났을까?' 그 질문은 자연스럽게 자신에 대한 고민을 하게 했다. 스스로 묻는 이런 질문에다 돈이 없어 노숙을 했던 고된 경험이 더해져 점점 해답을 찾아갔다.

그는 만화를 그리면서 '어쩌면 나도 그렇게 수치스러워하며 살지 않아도 되는 인간일지 모른다'는 확신을 갖게 되었다. 처음엔 그 확신을 외부에서 찾으려고 했다. 그래서 만화계의 부조리에 휩쓸려 야한 것도 그리고, 맘에 없는 것도 그렸다. 살아남기 위한 일종의 몸부림이었을 것이다. 이처럼 많은 시도를 하는 과정 속에서 자신을 보는 눈도 달라졌다. 마침내 그는 만화로 뭔가에 기여하고 싶다는 바람을 품었다. 바로 그가 제일 잘 아는 마이너의 세계와 관련된 것이다.

'난 왜 이런 몸으로 태어났을까?'라는 궁금증은 지금도 거울을 볼 때마다 계속된다. 하지만 이제 그 뉘앙스가 달라졌다. '이런 몸으로 태어나 어떤 기여를 할 수 있을까?' '나만이 표현할 수 있는 뭔가가 있지 않을까?'와 같은 질문들이다. 그는 힘들었던 경험과 자신에 대한 통찰을 통해 고유성을 찾은 것이다. 그 고유성은 '나만이 할 수 있는' 일로 나아갔다.

그리고 그는 직장인들의 애환을 담은 《미생》이라는 작품을 만들어냈다. 이 작품에 대해 그는 한 인터뷰에서 "회사에 나와서 열심히 일하는 이유는 가정과 내 개인을 위한 것이다"라는 이야기를 하고 싶었다고 말한다. 그것은 만화라는 도구를 통해 자신만의 표현력으로 많은 사람에게 줄 수 있는 메시지였다. 그 덕분에 많은 직장인이 공감하고 한편으로는 위로받았으며 어떻게 '완생'할 것인지 고민하는 계기가 되기도 했다.

스피노자는 "만약 우리가 자신의 처지를 비관하고 참아내기만 한다면 우리는 우리 삶의 (진정한) 원인은 아닐 것"이라고 했다. 어떤 식으로든 자신을 비관하게 될 때가 있다. 하지만 그다음은 어떤 행동을 해야 한다. 경험하고 맛보고 그 안에서 자신을 관찰해야 한다. 자기관찰을 통해 '나는 왜 하고 싶은 게 없을까?'라는 막연함에서 '나는 왜 지금 이런 사람이지?' '이런 모습의 내가 할 수 있는 일은 무엇이지?'라는 적극성의 질문으로 나아갈 수 있다. 이렇게 끝없이 던지는 질문은, 그게 언제이든지 간에 결국은 답을 향해 갈 것이다. 그러면 시간이 지난 후에 자신의 분야에서 '닮고 싶은 선배'로 남을 수도 있지 않을까. 한때는 막연한 질문을 던졌던 우리가, '모르겠음'의 벽에 부딪혔던 우리가 언젠가 누군가의 큰 바위 얼굴이 될 수 있다면 좋겠다.

직장에서
나를 지키는 법

몇 년 전부터 아이돌 스타를 선발하는 오디션 프로그램을 쉽게 볼 수 있다. 처음에는 저렇게 수많은 아이가 스타가 되고 싶어 한다는 사실에 놀라움 반 걱정 반이었다가, 이내 그들을 보며 감탄을 했다. 나라면 저렇게 공개적으로 평가하고 순위를 매기는 곳에서 당당한 모습으로 서 있지 못했을 것이다. 제아무리 재능과 끼가 넘친다고 하더라도 말이다. 저기서 탈락하거나 꼴찌라도 하는 날에는 아마 자괴감으로 방구석에서 다시는 나오지 못할 것만 같다. 그런 나와 비교하면 저렇게 도전하는 친구들의 용기는 정말 대단하다. 적어도 그들은 나처럼 학창 시절의 학예회 때 무대 위에 올랐다가 한마디도 하지 못하고 내려와서 눈물을 쏟는 바보 같은 짓은 하지 않을 테니까.

그러나 꼭 오디션 프로그램에 나가지 않는다고 해서 우리가 평가를 피할 수 있겠는가. 우리는 중고등학교, 대학입시, 취업까지 수많은 평가에 맞서왔다. 합격과 탈락의 기로에 이미 여러 번 서보았다. 굵직굵직한 일이 아니더라도 일상에서 늘 평가는 일어난다. 하물며 마음에 두던 상대에게 데이트를 신청했다가 거절당하는 일도 일종의 평가로 받아들일 수 있을 것이다.

＼ 자존감을 공격받기 가장 쉬운 곳

수많은 관문을 통과해서 원하던 직장에 들어가도 평가는 계속된다. 평가의 자리는 공식적인 인사고과일 수도 있고, 업무 중 상사의 피드백일 수도 있다. 그런데 A·B·C·D등급으로 나뉘는 평가 결과와 그에 따라 조정되는 연봉, 팀장님의 코멘트가 나의 전부를 말해주는 건 아니다. 고등학교 때의 등수가 나의 모든 가치를 보여줄 수 없는 것처럼 회사의 평가도 어떤 기준에 의한 업무성과와 태도만을 말해줄 뿐이다.

만약 이 평가를 나 자신 전체로 받아들일 경우 위험해지는 것은 나의 자존감이다. 자존감이란 내가 나를 얼마나 존중하는지의 개념이다. 자신감이나 자존심과는 다른 의미다. 자존감이 높으면 혼자 있을 때나 누군가 나를 공격할 때나 큰 변화가 없다. 만약 부정적인 평가를 그대로 나 자신의 정체성이나 가치감으로 받아들이면 당연히 자존감은 낮아질 것이다.

한국사회에 자존감이 화두가 되기 시작하면서 자존감을 주제로 한 강연이나 책들이 쏟아져 나왔다. 이는 자존감을 위협받고 있는 사람들이 늘어났다는 증거이기도 하다. 또는 자존감을 지켜내야 한다는 것을 인식한 사람들이 늘어난 것일 수도 있다. 직장인도 그 가운데 상당 부분을 차지하고 있다. 많은 독자의 사랑을 받은 《자존감 수업》의 저자 윤홍균 박사도 직장인의 자존감에 대해 이렇게 설명한다.

직장에서 얼마나 가치 있는 일을 하고 인정받는지가 자존감에 큰 영향을 미친다. 타인이 자신을 필요로 하고, 맡은 역할이 존중받는다면 자존감도 상승한다. 반면, 수시로 실적과 능력이 시험대에 오르고, 동료와 비교당한다면 자존감은 위기를 맞는다. '나는 별 볼 일 없는 사람이구나'라는 인식은 우울과 불안으로 이어진다.

_ 윤홍균 정신건강의학과 전문의 칼럼 중에서

회사의 낮은 평가가 단지 '회사에서 수행능력이 우수하지는 않다'는 데서 그치는 게 아니라 '나는 별 볼 일 없는 사람이다'로 이어지는 게 문제다. 나 스스로를 하찮은 존재로 여기는 것은 심리적 건강에 치명적인 일이다. 그런데 이런 경우가 적지 않다. 온라인 취업포털 〈사람인〉에서 직장인을 대상으로 한 설문조사에 의하면 절반에 가까운 46.2%가 직장생활 후에 이전보다 자존감이 더 떨어졌다고 응답했다. 그 이유 중에는 '자주 지적 및 무시를 당함' '비인격적이고 부당한 대우를 받음' 등이 포함되었다. 우리는 밥벌이를 위해 일정 부분 자존감을 팔아야만 하는 걸까.

직장이라는 곳이 자존감을 공격받기 쉬운 환경인 것은 틀림없다. 직장은 성과를 내야 하는 곳이고 그에 따른 업무평가가 일어나는 곳이다. 또 직장생활에서의 대인관계는 학생 때와는 성격이 다르다. 학생 때는 아무리 성적으로 등수가 매겨진다고 해도 같은 공간에 있는 이들이 전부 경쟁상대이기보다는 '친구'라는 의식이 있었다. 하지만 직장생활의 대인관계는 기본적으로 상하관계인 데다 동료도 '경쟁상대'로 여겨질 수 있다. 돈독한 친구관계는 자존감을 지켜줄 보호막이 되어줄 수 있지만 직장에는 그런 친구를 만들기가 쉽지 않다. 동료 간에 성과로 우열이 매겨지는 업계라면 두말할 것도 없을 것이다. 그리고 무엇보다 직장에는 숨은 공격자들이 존재한다. 말로써 사람을 공격하는 이들이다. 그들은 쉽게 타인에게 상처를 입힌다. 많은 사람들의 자존감은 그들에게 속수무책으로 당하고 만다.

\ 적의 열등감

적을 알고 나를 알면 백전백승이라고 했던가. 직장 내에서 자존감을 지켜내려면 타인과 나에 대한 이해가 필요하다. 우선 상처 주는 사람에 대한 이해다. 직설적으로 공격성 발언을 서슴지 않는 사람이 있는가 하면 비아냥대거나 은근히 꼬아서 사람을 깎아내리기까지, 그들의 공격 기술은 다양하다. 분명히 웃으면서 대화하고 지나쳤는데 자리에 돌아와서 보니 가슴이 쿡 쑤신다. 그가 웃으면서 했던 말 속의 칼날이 내 가슴에 와서 상처를 낸 것이다. 이런 일들을 무시할 수 있다면 좋겠는데 그런 사람일수록 목소리는 왜 그렇게 크고 말은 많은지, 피할 길이 없다.

적에 대해 이해해보자. 남을 잘 깎아내리는 사람은 오히려 자존감이 낮을 가능성이 높다. 남을 깎아내리면서 자신이 괜찮은 사람이라고 믿고 싶어 한다. 또한 자신의 내적 문제를 스스로 해결하지 못하고 그 화살을 타인에게 돌린다. 특히 자신의 권력을 이용해 남을 괴롭히는 사람들의 특징은 자기 자신에게서 진정한 만족을 찾지 못하기 때문에 남을 무시하고 짓밟음으로써 쾌감과 자기만족을 느낀다는 것이다. 그래서 사실 공격당하는 사람보다 공격하는 사람의 자존감이 훨씬 더 문제가 많다. 그들이 해결해야 할 문제는 '열등감'이다.

아들러는 그의 대표적 이론인 '개인individual 심리학'에서 열등감을 핵심 개념으로 다루었다. 그에 의하면 한 사람의 삶의 목표는 어린 시절 외부세계로부터 받은 인상에 의해 형성된 세계상과, 이러한 세계상을 바탕으로 삶에 대해 취하게 되는 특정한 입장에 의해 결정된다. 그런 과정에서 성격이 형성되는데 만약 결핍이 있었거나 응석받이로 길러지면 열등의식이 생겨나고 그것은 삶에 대해 왜곡된 이미지를 만든다. 그렇게 열등감에 사로잡힌 사람은 계속해서 우월감을 추구한다. 타인에 대해 비교우위를 점하는 것이 인생의 중대한 목표가 되어버리는 것이다. 그래서 그들은 타인을 깎아내리거나 공격하면서 자신의 우월감을 유지하게 된다.

본래 열등감이 위처럼 부정적인 역할만 하는 것은 아니다. 우리는 누구나 어떤 측면에서 열등감을 갖고 있다. 불완전한 우리는 보다 완벽해지고자 하기 때문에 열등감은 필연적이다. 완전한 존재로 나아가게 만드는 에너지와 같다. 아들러는 병약했던 유년기를 회고하며 그 당시에 가졌던 열등감이 자신을 더 나은 존재가 되게 이끌었다고 말한다. 긍정적인 방향으로 나아가게 하는 동력이었던 것이다. 의사로서 많은 환자의 얘기를 듣고 관찰하면서 이 같은 사실을 다시 확인하기도 했다. 건강한 열등감은 동기부여가 되고 자기성장의 동력이 되어준다. 문제는 지나친 열등감이 파괴적인 행동으로 이어지는 것이다. 직장에서 타인들을 통해 우월감을 느끼려는 사람들처럼 말이다. 아들러는 열등감이 병적으로 발현되는 이 같은 모습은 개인과 사회를 깊이 병들게 할 수밖에 없다고 강조한다.

남에게 쉽게 상처를 주는 이들이 자신의 열등감을 폭력적인 방식으로 표출하지 않고 스스로 인정하는 데서 관계를 시작할 수 있다면 얼마나 좋을까. '이상적인 나'와 실제 자신과의 차이에서 생기는 건전한 열등감을 바탕으로 '좀 더 나은 나'가 되고자 한다면 누군가 상처 입는 일은 없을 것이다. 하지만 안타깝게도 그들의 열등감의 문제는 내가 변화시킬 수 있는 부분이 아니다. 그보다는 나 자신의 자존감을 돌보는 쪽이 더 쉬울 것이다.

＼　비합리적인 신념

이제 상처받는 나를 이해해보자. 인간에게는 기본적으로 타인에게 인정받으려는 욕구가 있다. 이를 인정욕구라고 하는데 다른 사람이 자신의 가치와 능력을 긍정적으로 평가하기를 바라며 이에 부응하고자 하는 마음이다. 인정욕구가 높은 이들은 거부나 비판과 같은 부정적인 반응은 피하고자 한다.

직장에서 좋은 평가를 받고 싶은 마음도 인정욕구에 기인한 자연스러운 마음이다. 하지만 열등감과 마찬가지로 늘 과도한 게 문제가 된다. 인정욕구가 지나치게 높으면 비현실적인 사고를 갖게 되고 이것이 불안과 같은 심리적인 문제를 일으킨다. 아래는 대표적인 비현실적 사고에 해당되는 문장들이다.

- •• 나는 주위의 모든 사람으로부터 항상 사랑과 인정을 받아야만 한다.
- •• 나는 모든 면에서 반드시 유능하고 성취적이어야 한다.
- •• 가치 있는 사람이 되려면 유능해야 하고 모든 영역에서 완벽하게 일을 해내야 한다.
- •• 일이 내가 바라는 대로 되지 않는 것은 끔찍스러운 파멸이다.

이와 같이 현실에 대한 잘못된 인지를 심리학 용어로 '비합리적 신념'이라고 한다. 학자에 따라서는 인지적 왜곡이나 인지오류라고 명명하기도 한다. 인지심리학자 앨버트 엘리스는 그의 대표 이론인 합리적정서행동치료이론REBT을 통해 비합리적 신념을 탐색하는 일의 중요성을 강조했다. 어떤 일이나 상황에 대해서 고통받는 것은 사건이나 사람 자체보다 자신 안의 비합리적 신념 때문일 수 있기 때문이다. 그래서 그가 제안한 치료의 핵심은 그러한 신념을 변화시키는 것을 목표로 한다.

'사회 불안social anxiety'은 이러한 비합리적 신념이 만들어낸 대표적 증상이다. 사회 불안이란 특정한 사회적 상황을 지속적으로 두려워하고 피하거나 그에 대해 불안반응을 보이는 것이다. 예를 들어 '나는 주위의 모든 사람으로부터 항상 인정을 받아야 한다'라는 신념을 가진 A라는 사람이 있다. A는 그 신념 때문에 매사에 많은 노력을 기울일 것이다. 하지만 주위 사람들 중에는 그에게 무관심한 사람도 있고 그를 탐탁지 않아 하는 사람도 있을 것이다. 그런 것은 그의 노력과는 별개의 문제다. 하지만 A는 자신에 대한 비판을 지나치게 날카롭게 받아들이고, 아무리 노력해도 인정받지 못할까 봐 초조해한다. 혹은 평가 자체에 지나친 불안이 생길지도 모른다. 이러한 A에게 필요한 건 무리한 노력이 아니라 '최선을 다하되 모두를 만족시킬 수는 없다'라는 사고방식이다.

실제로 국내 많은 연구에서 타인에게 인정을 받고 거부를 피하려는 정도가 높은 사람은 우울과 불안 수준이 높고 삶의 만족도가 낮은 것으로 확인되었다. 이들은 타인의 피드백에 따라 감정기복이 크고 반복적으로 타인에게 승인받으려는 경향이 있지만, 언제나 인정을 받을 수는 없기 때문에 우울감과 불안감을 자주 경험한다.

여기서 생각해볼 점은 나를 공격하는 타인과 별개로 나 스스로의 잘못된 믿음이 나를 괴롭히고 있는 것은 아닌지에 대한 것이다. 우리는 살아가는 한 나에 대해 이런저런 말을 하는 사람들을 피할 수 없다. 그들이 무엇이라고 하든지 말하는 것은 그들의 몫이며, 그것을 어떻게 받아들이는가는 나의 몫이다. 사람들의 모든 반응이 나의 노력 여하에 달려 있지 않음을 알아야 한다. 내가 아무리 애를 써도 상대는 만족하지 않을 수 있다. 사람들이 판단하고 생각하는 기준은 수많은 변수가 있는 데다 매우 다양하다. 인정받고자 하는 마음이 나의 능력치를 넘어서 오히려 나를 괴롭히는 도구가 되고 있지는 않은지 생각해볼 수 있어야겠다.

＼　대인관계가 반이다

퇴근시간도 훌쩍 넘긴 늦은 시간에 친구에게 연락이 왔다. 그의 직장에는 주기적으로 직원들을 평가해 당사자에게 코멘트를 해주는 시간이 있다고 했다. 오늘이 그 평가일이었는데 꽤 상처가 될 만한 피드백을 들은 모양이다. 듣자 하니 팀장님의 어투는 부드러웠다고 했지만 내용은 업무를 벗어난 인신공격이 분명했다. 직접 들은 것이 아니기에 아무리 좋게 해석해보려 해도 독설은 독설이었다. 보이지 않지만 친구가 너덜너덜해진 마음을 부여잡고 힘없이 귀가하는 모습이 그려졌다. 나는 별 위로도 조언도 해주지 못했다. 그런데도 그는 들어줘서 고맙다고 했다. 이런 일에는 뾰족한 대처법이 없으며 어쩔 수 없이 겪어내야 한다는 걸 잘 알고 있기 때문이었을까.

　　직장생활을 하는 한 감내해야 하는 일들이 있다. 불만이라도 토로하려 하면 누군가 이렇게 말할 것이다. "더러우면 관두든가!" 그래서 또 한번 눈을 질끈 감고 출근을 한다.
　　우리가 1인기업이 되지 않는 한, 직장의 문제는 대인관계의 문제이기도 하다. 사람문제 때문에 이직을 택하기로 한 사람은 또다시 대인관계문제에 맞닥뜨릴지 모른다. 조직생활은 사람들과의 생활이기 때문에 절대로 사람 간의 문제에서 벗어날 수 없다. '아니, 사람한테 맞추는 게 일의 본질은 아니잖아?

나는 일에 있어서만큼은 자신 있어. 일에만 집중하게 해달라고!'라고 외치는 사람을 지지해주고 싶지만 현실은 그렇지가 않다. 인생이 사람문제의 연속인데 직장이라고 별수 있겠는가. 그럼에도 각자의 자존감만큼은 지켜내야 할 것이다. 때로는 정신승리에 가까운 자기합리화를 하면서라도 마음이 '녹다운'되는 일만큼은 막아냈으면 좋겠다.

> 사람들이 작당해서 나를 욕할 때도 나는 이렇게 생각했어요. '네놈들이 나를 욕한다고 해서 내가 훼손되는 게 아니고, 니들이 나를 칭찬한다고 해서 내가 거룩해지는 것도 아닐 거다. 그러니까 니들 마음대로 해 봐라. 니들에 의해서 훼손되거나 거룩해지는 일 없이 나는 나의 삶을 살겠다.'
>
> _ 김경, 《김훈은 김훈이고 싸이는 싸이다》 중에서 소설가 김훈 인터뷰

연륜과 경험이 만들어낸 맷집일지도 모르겠지만 이와 같은 자세로 맞설 필요가 있는 것 같다. 물론 우선적으로 내가 수용하고 받아들일 것을 알아차려야겠지만 그 외의 것은 무시할 수 있는 깡이 필요하다. 누군가의 열등감에 희생자가 되어 너덜너덜해진 퇴근길이라도, 자기 전에는 오늘 하루도 잘 버틴 나를 스스로 인정해주는 것은 어떨까.

Chapter

사랑의 불안

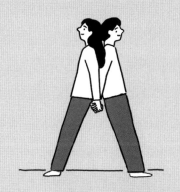

사랑이란
불확실성의 결정체

단 한 가지를 하지 않음으로써 삶의 몇 가지 불안을 피해갈 수 있다면 우리가 포기해야 할 것은 무엇일까. 단연코, 그 한 가지는 사랑이라 할 것이다. 사랑이야말로 불확실성 그 자체로 뛰어드는 일이 아니던가. 그래서 누군가는 사랑은 미친 짓이라고 하지 않았던가. 그 경고에도 불구하고 우리는 어김없이 사랑에 빠진다. 갈팡질팡하는 것 같지만 이미 마음을 빼앗기고 난 후다. 이런 우리의 모습을 섣불리 어리석다고 판단할 수는 없다. 불안을 피하기 위해서 사랑을 하지 않는다면 더 많은 행복을 놓쳐버릴 테니까. 모두들 이런 이치를 진작 알고 있었던 것처럼 사랑하는 쪽을 택하며 살아간다.

> 불안감이란 게 결국은 무언가를 얻기 위해 치러야 하는 대가란 걸 인정하게 된다. 그러니까 영혼이 불안한 우리 이제 얻으러 가자. 라일락 향기 속으로…
>
> ＿ 정혜윤,《그들은 한 권의 책에서 시작되었다》중에서

＼　설레고 황홀하며 그리고 두려운

다양한 사람만큼 다양한 사랑이 존재하기 때문에, 사랑이라는 주제만큼 풀기 어려운 것도 없는 듯하다. 하지만 가끔 우리의 모든 불안이 실은 사랑과 이어져 있는 것은 아닌가 생각해본다. 이 세상의 모든 것을 사랑하지 않기로 결심한다면 많은 불안에서 자유로울 수 있을 것 같은데, 지식검색 사이트부터 라디오의 고민상담 코너까지 사랑 때문에 고민을 토로하는 사람이 얼마나 많은가. 남의 일인 양 글을 쓰고 있는 나도 그런 감정을 수없이 많이 느꼈다. 설레고 황홀한 기분은 어떤 식으로든 두려움을 동반했다.

　　연애를 하면서 기쁨이나 설렘과 같은 감정에 휩싸이는

것은 반가운 일이지만 불안, 분노, 우울은 영 피하고 싶다. 그러나 삶의 모든 일과 마찬가지로 사랑을 할 때도 불안감에 압도되는 사람이 아닌, 불안감을 잘 다루는 사람이 건강한 사랑을 유지해나갈 수 있다. 단시간에 최대한 많은 사람과 만나보는 게 목적이라면 모를까, 진실한 사랑을 오래도록 유지하고 싶을 때는 특히 그렇다. 행복과 기쁨만이 있는 사랑은 반쪽짜리 사랑이다. 현실의 연인이나 부부가 사랑을 지속하려고 할 때 불가피하게 겪을 수밖에 없는 모든 감정이 사랑의 일부다. 불편한 감정을 잘 다루지 못한다면 기쁨을 느낄 기회조차 잃어버릴 것이다.

＼ 시작하는 것도, 지속하는 것도 어려운

처음 사랑에 빠지거나 사랑이 시작된 지 얼마 되지 않은 때는 좀처럼 차분함을 갖기 어렵다. 설렘이나 흥분감으로 들뜬 상태를 경험한다. 심리치료사들도 연애감정에 빠진 상태를 일종의 환각상태로 간주한다. 심리투사를 통해 왜곡을 일삼고, 이성보다는 감성이 지나치게 앞서기 때문이다. 흔히 말하는 콩깍지에 씐 시기이다. 평온한 감정과는 거리가 멀기 때문에 어떤 이들은 이런 기분을 다소 불편하게 느끼기도 한다. 고요한 일상에 변화가 왔으니 마음도 적응이 필요한 것이다.

시간이 지난 후에는 어떨까. 오랜 시간이 지나면서 더 공고해지는 관계들이 분명히 있다. 사랑을 유지하게 하는 특별한 요인에 대해서는 독일의 심리치료 전문의 위르크 빌리가 진행한 설문을 통해 힌트를 얻을 수 있을 것 같다. 그는 연애 감정에 몰입하는 속도가 결혼에서 차지하는 의미를 밝히기 위해 몇 가지 설문을 벌였다. 첫눈에 반한 사람들과, 서서히 빠져드는 사람들 중 어느 쪽이 오랜 관계를 유지하는지 확인했다. 첫눈에 반한 사랑이 불꽃처럼 쉽게 사라질 것이라는 예상과는 달리 둘 사이에 큰 차이는 없었다. 사랑의 만족도나 행복감에 있어서도 마찬가지였다.

여기서 사랑의 지속에 영향을 준다고 확인된 것이 있었다. 바로 '연민'이었다. 응답자 중 기혼자의 60%가 배우자에게 연민을 가지고 있다고 대답했다. 또한 연민을 품고 결혼 상태를 유지하는 사람들에서는 이혼율도 6%로 매우 낮았다. 연민은 사랑을 시작하는 지점에서는 영향을 주지 않았지만 지속성에는 영향을 주었다. 이 연구는 사랑이 시작될 때 느끼는 설렘과 흥분이 어떤 마음으로 변해가는 게 중요한지 생각하게 한다. 즉, 사랑을 지속시키는 데는 상대를 향한 마음의 태도가 중요하다는 것이다. 연민은 상대의 입장이 되어볼 때 가질 수 있는 마음이다. 상대로 인해 얻게 되는 것보다 상대의 아픔이나 슬픔을 내가 헤아려볼 수 있을 때 우리는 연민을 품는다.

자신의 입장밖에 보지 못한다면 그것이 아무리 사랑으로 포장되더라도 쉽게 흔들릴 수밖에 없다. 사랑을 대하는 마음가짐은 관계를 더 단단하게 만들기도, 반대로 먼지처럼 허무하게 만들기도 한다.

사랑이라는 이름으로 자신의 세계에 빠져 허무한 결말을 맞은 인물이 있다. 스콧 피츠제럴드의 소설 《위대한 개츠비》의 주인공 개츠비이다. 해석에 따라서는 최고의 로맨티스트라 불릴 수도 있는 개츠비이지만 안타깝게도 그의 인생은 파국으로 끝났다. 농사꾼의 아들이었던 그는 상류층 여성 데이지에게 빠졌고, 그녀를 얻기 위해 엄청난 부를 쌓고 으리으리한 집에서 호화로운 파티를 자주 열었다. 맞은편 저택에 살고 있는 데이지가 찾아올 것이라 믿었기 때문이다. 겉으로 보기엔 부족함 없는 모습을 갖추었고, 생애 내내 데이지를 갖겠다는 하나의 목적으로 전력투구했지만, 결국 데이지를 얻지 못했다. 왜일까. 개츠비가 뼛속까지 재벌이 아니어서? 아니면 좋은 가문이 아니어서?

물론 데이지에게는 그런 것이 중요했을지도 모른다. 하지만 소설 전체에서 그려지는 개츠비의 모습은 야망으로 가득차 뭐든 소유하기 위해 불법도 서슴지 않는 사람이다. 그런 점에서 데이지에 대한 마음은 소유욕의 연장선으로 보인다. 쉽게 가질 수 없기 때문에 더 욕망한 존재였던 것이다. 그가 사랑을 대하는 마음가짐은 내가 가지지 못한 것을 갖겠다는 야심, 그 이상으로는 해석하기 어렵다. 그것이 낭만이나 순애보로 해석될 수도 있지만 개츠비의 비참한 죽음 앞에서 우리는 묻지 않을 수 없다. 도대체 누굴 위한 사랑이었냐고.

개츠비처럼 일생을 다 바쳐도 얻기 어려운 것이 사랑이다. 돈을 주고 살 수 있는 것도 아니고 유지하는 건 그보다 훨씬 더 어려운 일이다. 사랑에는 그만큼 깊은 마음과 지혜가 필요한 것이다.

＼　그럼에도 우리가 사랑하는 이유

어떻게 보면 연애는 너무나 피곤한 일이고 때로는 불필요한 감정소모처럼 생각되기도 한다. 나 자신도 잘 모르면서, 가늠할 수 없는 타인과 서로 유일한 관계가 되려고 하는 것은 인간의 미스터리에 가깝다. 그런데 이 모든 어려움들에도 불구하고 사랑을 하는 이유는 무엇일까. 크게 두 가지로 정리할 수 있다.

첫 번째는 무력함이다. 지진에 있어서는 예외라고 생각했던 우리나라도 2016년에 5.8 규모의 지진이 발생해 많은 사람이 두려움에 떨었던 것을 기억할 것이다. 갑자기 왜 자연재해 이야기를 하느냐면, 대자연 안에서 우리가 얼마나 무력한 존재인지를 말하기 위해서다. 쓰나미와 태풍, 대지진과 같은 대규모 자연재해는 예측도 어려울뿐더러 한번 발생하면 순식간에 수백, 수천 명의 인명피해를 일으킨다. 정·재계에서 많은 사람이 힘을 과시한다지만, 거대한 자연 앞에서는 하나같이 무력한 존재일 뿐이다. 엄청난 부도 높은 명예도 자연을 이길 수는 없다.

국내에는 《팡세》라는 문학작품으로 잘 알려진 파스칼은 불안을 고찰한 철학자이다. 그는 종교전쟁이 끝나고 유럽이 안정기로 접어든 시기에 인간의 불안에 대해 깊이 고민했다. 그는 인간에게 전 우주를 사유할 수 있는 위대함이 있지만, 유한한 존재이기에 불안을 안고 사는 것이 미약한 인간의 운명이라고 했다. 그러면서 '인간은 대자연 안에서 한 개의 갈대와 같이 가냘픈 존재'이기에 불안을 거두고 종교를 믿으라고 권유하기도 했다. 하지만 사랑의 힘을 아는 사람들은 이렇게 말할 것 같다. '나약한 인간이여, 불안을 거두고 사랑을 믿으라.' 사랑을 한다면 살아가면서 맞닥뜨릴 두려움과 어려움들을 잘 견디어낼 수 있을지도 모르기 때문이다.

우리 스스로 완전하다면 과연 누군가를 갖고 싶어 했을

까. 거대한 우주 앞에서 너무나 보잘것없고 미약하며 불완전한 존재인 우리는 끊임없이 누군가에게 기대고, 또 누군가에게 어깨를 내어주며 살아갈 수밖에 없다.

생명은 그래요.
어디 기대지 않으면 살아갈 수 있나요?
공기에 기대고 서 있는 나무들 좀 보세요.

우리는 기대는 데가 많은데
기대는 게 맑기도 하고 흐리기도 하니
우리 또한 맑기도 하고 흐리기도 하지요.

비스듬히 다른 비스듬히를 받치고 있는 이여.

_ 정현종, 〈비스듬히〉

누구도 홀로 완벽히 우뚝 서 있지 못한다. 알게 모르게 한쪽 팔이나 다리를 걸치거나 보이지 않는 끈으로 이어져 그 힘으로 서로가 서로를 받치며 살아가고 있는 것이다. 그 기댐의 가장 큰 힘이 바로 사랑이 아닐까.

우리가 사랑을 하는 두 번째 이유는 연약함이다. 대자연까지 거론하지 않더라도 우리는 사회적 존재라서 타인의 평가나 인정의 영향을 받기 마련이다. 남들이 뭐라 하든 스스로 내가치를 믿고 인정해주면 좋겠지만, 그게 쉬운 일이었다면 따돌림이 문제가 될 일도, 연예인들이 댓글에 상처받을 일도 없을 것이다. 타인의 시선과 평가에 쉽게 영향을 받는 연약한 우리는 내가 어떤 모습을 하더라도 나를 존중해주고 인정해줄 사람을 필요로 한다. 나를 인정해주고 존중해주는 '단 한 사람'만 있어도 웬만한 어려움은 잘 견디어낼 수 있는 게 사람이다. 진정으로 충만한 사랑을 느낄 때 이 사람만으로도 충분하다는 생각을 할 수 있다.

　　결국 아이러니하게도 불안하기 때문에 우리는 사랑을 한다. 인정받고 싶고, 어떤 어려운 순간에도 무너지지 않고 싶기 때문이다. 스쳐 가는 많은 사람 사이에서 나를 인정해주고 존중해줄 단 한 사람과 함께하기를 자발적으로 선택하는 것이다. 프로이트는 성인이 사랑하는 사람을 선택하는 기준 가운데 하나가 '의존적 대상선택'이라고 말했다. 아기가 젖을 주고 돌봄을 주는 엄마에게 의존하듯이, 우리는 생존에 필요한 사람을 알아보고 사랑하게 된다. 이는 자신의 불완전성을 인정할 수밖에 없는 우리에게 최선의 선택일지도 모른다.

좀처럼 불안을 놓기 힘든 불확실성의 세상에, 사랑하는 사람만으로도 안식을 찾을 수 있다면 얼마나 다행인가. 결국 사랑을 한다는 건 자신을 지켜내는 행위나 마찬가지다.

사랑이 없으면 우리는 자신의 인격을 신뢰할 수도 없고 그 인격을 따라 살 수도 없다.

＿ 알랭 드 보통,《불안》중에서

혼자가 좋아야
둘이어도 좋다

연애를 할 때면 늘 불안 때문에 상대에게 집착하는 사람이 있다. 상대와 항상 붙어 있어야 하고, 잠깐이라도 연락이 되지 않는 상황을 견딜 수 없어 분단위로 보고를 요구한다. 불안감은 남녀노소를 가리지 않는다. 이제 막 사랑을 시작한 커플부터, 결혼을 한 지 오래된 부부까지 마음 깊은 곳에는 누구나 '변한다는 것'에 대한 두려움이 있기 때문이다. 이 불안에 우리는 어떻게 대처할 수 있을까.

＼ 사랑이 식을까 두려운 사람들

연인의 일거수일투족을 알아야만 마음이 놓이고, 계속해서 사랑을 확인받기 원하는 사람에 대해 어떻게 생각하는가. 상대방에게 지속적으로 무언가를 요구하는 사람은 상대를 지치게하기 마련이다. 무엇보다 본인도 결코 행복하지 않다. 그들의 속내는 자신이 버림받을까 봐 늘 두렵다. 둘로 이루어진 관계에서 한쪽이 자꾸 전전긍긍하면 건강한 관계로 오래 유지되기힘들다. 물론 상대가 살신성인의 자세로 노력해준다면 그럭저럭 관계를 이어나갈 수 있을지 모르겠다. 하지만 연애로 덕을쌓아 부처가 되는 게 목표가 아니라면 그런 길을 구태여 감내할 사람은 많지 않을 것이다.

불안과 집착이 높은 사람은 자기중심이 약한 사람이다. 자신이 자꾸 흔들리니 타인에게 기대려는 것이다. 흔히 혼자서도 행복한 사람이 타인과 함께할 때도 행복하다고 한다. 건강한 자존감과 자기의식을 통해 주체적인 삶을 살 수 있는 사람이 연애와 결혼생활에서도 충만한 기쁨을 느낄 수 있기 때문이다. 혼자 있는 시간을 견딜 수 없어서 끊임없이 의지할 사람을 찾아 연애를 하는 것과, 그 자체로 충만한 사랑은 엄연히다르다.

'사랑하기에' 느낄 수 있는 불안은 어느 정도 자연스러운 것이지만 관계 유지에 지속적으로 지장을 줄 만큼 과도한 불안은 사랑의 문제가 아닐 수도 있다. 상대의 기분이나 행동 하나하나에 일희일비하는 것, 자신의 일상에 집중하지 못하고 상대에게 지나치게 몰입되어 있는 것, 상대의 눈치를 보느라 자신의 생각과 감정을 솔직하게 표현하지 못하는 것도 마찬가지다. 그들은 사랑이 식어서 버림받을까 봐 늘 초조하다.

＼ 밑 빠진 독에 물 붓는 사랑

어떤 사람을 만나도 반복적으로 위와 같은 패턴을 보인다면 자신의 자존감을 살펴볼 필요가 있다. 모든 것을 감싸주고 맞춰줄 파트너를 찾기 전에 '어떻게 하면 내가 나 자신을 사랑할 수 있을까'를 먼저 생각해보는 것이다. 자신이 스스로를 사랑해주지 않으면서 그 역할을 연인에게 떠넘길 수는 없다. 그건 '밑 빠진 독에 물 붓기'처럼 어차피 끝나지 않을 공허를 채우려 애쓰는 일이다. 나 자신을 있는 그대로 바라보고 사랑해줄 수 있다면 단단한 자아를 갖게 되고, 단단한 자아는 연인관계에서도 윤활유 역할을 한다. 여기서 자기 자신을 사랑하는 것이 나르시시즘을 의미하지는 않는다. 자기애에 취해 자신에게 지나치게 몰입하는 것이 아니라, 스스로를 존중하고 자신의 가치를 인정해주는 것이다. 즉, 타인에게 바라는 것을 스스로

에게 주는 것이다. 그래서 나르시시즘보다는 자존감이라는 표현이 적절하다.

자존감self-esteem이란 자신이 사랑받을 만한 가치가 있는 소중한 존재이고 어떤 성과를 이루어낼 만한 유능한 사람이라고 믿는 마음이다. 자존감과 불안은 심리학에서 오래전부터 함께 연구된 주제이다. 그만큼 둘은 관련성이 높다. 꼭 사랑의 관점이 아니어도 자존감이 낮으면 불안이 높다는 건 쉽게 납득할 수 있을 것이다. 자기 자신에 대한 신뢰가 없는데 어떻게 타인과의 관계에서 안정감을 느끼겠는가. 유아기 때 양육자와 안정된 애착관계를 형성하지 못하면 자존감이 낮을 가능성이 높고, 그 낮은 자존감이 성인이 되어 대인관계나 연인관계에서 또다시 불안정한 관계를 형성하게 한다는 해석도 있다. 이 경우 상대에게 무조건적으로 맞추거나 끌려다니느라 자신을 잃어버린다. 단단하지 못한 자아는 쉽게 휘둘리고 무너지기 때문이다. 자신을 잃으면서까지 사랑을 퍼주면서도 정작 자신은 행복하지 않다는 게 문제다.

\ **사랑의 고통 : 프리다 칼로**

사랑이라는 이름으로 고통을 짊어져야 했던 인물이 있었다. 멕시코의 화가 프리다 칼로다. 의사를 꿈꾸던 칼로는 열여덟 살 때 치명적인 교통사고로 전신에 깁스를 한 채 지내야 했다. 소아마비로 원래 오른쪽 다리가 불편했던 그녀는 척추까지 망가지자 절망했다. 한동안 침대에서 그림만 그리며 지내던 칼로는 당시 인정받는 유명 화가였던 스물한 살 연상의 디에고 리베라를 만나 사랑에 빠졌다. 부자유스러운 몸에 갇혀 있던 그녀의 유일한 활동은 그림이었고, 이미 인정받는 화가였던 리베라가 그녀의 작품에 칭찬과 응원을 보내주었을 때 아마도 그녀는 존재의 이유를 느꼈을지도 모른다. 그의 인정과 사랑의 힘으로 살게 된 것이다. 주위의 반대를 무릅쓰고 둘은 부부가 되었지만 칼로의 열렬한 헌신에 비해 리베라는 엄청난 여성편력으로 문란한 성생활과 외도를 멈추지 않았다. 심지어 칼로의 여동생과도 불륜관계에 있었다. 칼로는 무너졌고, 집을 나왔지만 리베라가 없는 삶을 견디지 못했다. 결국 그의 곁으로 돌아가 고통스러운 사랑을 이어갔다.

칼로는 육체적 고통을 예술로 승화해 예술사에 의미 있는 작품들을 남겼지만 사랑에 있어서는 자신을 지켜내지 못했다. 사랑이라는 이름 아래 끊임없이 리베라에게 끌려다녔다. 질투와 분노, 고독과 상실감을 평생 안고 살았다. 훗날 그녀는 리베라와의 사랑을 '두 번째 대형사고'라고 고백한다. 물론 첫 번째 대형사고는 열여덟 살 때의 교통사고를 뜻한다. 그녀는 열렬히 사랑했지만 행복하지 않았다는 것을 인정해야 했다. 그리고 그 괴로움과 불행 또한 계속해서 예술로 재탄생되었다. 그녀가 생의 마지막 즈음에 쓴 일기에는 아래와 같은 글이 남겨져 있다.

> 결코 내 것이었던 적 없고 앞으로도 내 것일 수 없는 사람. 그는 그저 자신일 뿐.
>
> _ 프리다 칼로

칼로처럼 고통이 승화된 예술작품들을 남기는 게 목표가 아니라면 고통을 주는 사랑에서는 벗어날 수 있는 용기가 필요하다. 자신을 고통 속에 살게 하는 상대방에게 인정받는 데 목을 매고, 그런 사랑 때문에 행복을 포기하는 것은 스스로에게 너무 가혹한 일이다. 다른 사람을 온전히 자기 자신의 소유로 만들어야만 행복을 찾을 수 있는 사람이라면 그 사람은 평생 행복하기 어려울지도 모른다. 사람은 사람의 소유가 될 수 없기 때문이다.

＼   모든 것은 변한다는 진리

아무리 단단한 자아를 가진 사람이라도 사랑에 관해 두려움이 아예 없지는 않을 것이다. 행복한 사랑을 하고 있어도 가끔은 이 행복이 사라질까 봐 두렵다. 결혼을 하고 나서 그 가정을 온전하게 지키고 싶어 하는 마음 또한 불안을 내포한다. 내가 흔들리기도 하고 상대가 흔들리기도 하며, 경제적인 문제나 다른 가족구성원의 문제 같은 외부 환경 때문에 갈등이 빚어지기도 한다. 그러는 와중에 사랑이 삐걱거린다.

변하는 건 만물의 본질이다. 가슴 뛰지 않는다고 해서 사랑이 끝났다고 할 수 있을까? 손끝만 닿아도 설레던 감정이 시들 때 즈음에 마음 깊은 곳에서 믿음과 의지, 정과 의리, 책임감 등이 나타나 사랑을 이어간다. 사랑은 온갖 현실적인 갈등을 풀어나가면서 더 단단해질 수 있다. 갈등을 어떻게 풀어나가느냐에 따라서 더 굳건해지거나 그 반대가 될 것이다.

또 우리 모두는 자신의 의도와 상관없이 태어나, 언젠가는 의지와 상관없이 죽음을 맞이해야 한다. 이는 만고불변의 법칙이다. 철학자 하이데거가 말한 것처럼 인간이 피투^{被投}된 존재, 세상에 '내던져진' 존재라는 것을 인정할 수밖에 없다. 그러나 이렇게 유한한 존재로서 불확실성의 삶을 살아간다는 것이 우리를 그저 수동적인 존재로 가둬두지만은 않는다. 우리에게는 눈에 보이는 한계를 넘어서는 힘이 있기 때문이다. 삶 속에서 끊임없이 스스로 선택하고 능동적으로 나아가려 한다. 미래를 향해 끊임없이 자신을 '내던지고' 있는 것이다. 이 것이 기투企投이다. 현재를 초월하여 스스로 자신의 미래를 만들어가는 방식으로, 이후에 사르트르는 이 행위 때문에 우리가 자신에게 가치를 부여하고, 유한한 삶에 갇히지 않는 자유로운 존재가 된다고 보았다. 그중 사랑이야말로 최상의 기투의 모습이 아닌가 한다. 사랑은 우리를 결코 작은 존재로 두지 않는다. 미래의 가능성을 충만하게 누리며 영원을 음미하게 한다. 사랑을 하는 한 우리는 한계보다 더 큰 존재가 된다. 영원을 살아낼 수 없다는 걸 알면서도, 우리는 오늘도 이렇게 고백한다. "영원히 사랑해"라고.

＼ 진정한 나 자신이 되는 것부터

건강한 사랑은 서로를 성장시킨다. 서로를 다독이고 지지해주면서 잠재되어 있던 역량을 발휘하게 하기 때문이다. 사랑을 하면 지루한 일상에 활력이 생기고 힘든 시기를 버텨낼 힘이 생긴다. 본분에 더 충실할 힘이 생겨 긍정적인 에너지로 나아갈 수 있다.

그런데 제아무리 찰떡궁합 커플도 지나치게 밀착되어 있으면 불만이 생길 수밖에 없다. 서로 한 걸음 떨어져서 바라볼 때 오히려 그 소중함을 생각할 여유도 생긴다. 본디 사람과 사람 간에는 적당한 거리가 있을 때 건강한 관계가 유지될 수 있다. 너무 가까이 붙어 있기 때문에 의도치 않게 상처를 주는 일을 피하기 위해서다. 적당한 거리에서 사랑의 균형을 잡을 수 있는 것도 온전한 자아만이 가능한 일이다. 결국 사랑의 전제조건은 온전한 자아가 되는 것이다.

너와 나의
안전거리

'조화를 이룬다'는 말을 참 좋아한다. 조화란 서로 다른 것들이 한데 어울려 보기 좋은 모습을 만들어내는 일이다. 사람들이 조화를 이룰 때의 아름다움, 혹은 사람이 다른 생명들과 조화를 이룰 때의 아름다움은 얼마나 멋진가. 그중에도 서로 다른 사람들이 사랑으로 만나 아름답게 조화를 이루는 모습은 신비로움에 가깝다. 사전에서는 '조화롭다'에 대한 정의를 '서로 잘 어울려 모순됨이나 어긋남이 없다'라고 내린다. 누구나 서로 어긋남이 없는 상태를 갈망할 것이다. 그러나 둘 이상이 조화를 이룰 때 잊지 말아야 할 점은 서로가 '다르다'는 것, 같지 않은 여럿이 어울린다는 사실이다. 따라서 오래오래 어긋남 없이 아름다운 조화를 이루고자 할 때는 필연적으로 지켜야 할 것들이 생겨난다. 돌이킬 수 없는 상처를 주지 않기 위해 지켜야 하는 규칙과 질서다.

도로 위에서 자동차들이 지켜야 할 안전거리처럼 사람 간에도 안전거리가 필요하다. 말 그대로 '안전'하기 위한 서로 간의 간격이다.

＼ 거리를 유지하는 태양과 달처럼

누군가는 의문을 가질 수도 있겠다. '서로 사랑하는데 무슨 거리가 필요해? 이렇게 꼭 붙어 있어도 아쉬운데.' 하지만 여기서 말하는 안전거리란 물리적 거리가 아닌 심리적인 개념이다. 그리고 이 심리적 거리를 유지하지 않아서 생기는 비극이 생각보다 많다. 연인이든 친구든 부모자식이든 사람 사이에서 상대방의 심리적 개인공간을 침범하여 생기는 불편함과 갈등은 꽤 흔한 문제다.

대표적인 예가 사랑과 집착을 혼동하는 일이다. 연인의 휴대폰이나 사적인 영역까지 모두 파악해 꿰고 있어야 마음이 놓이는 경우, 혼자만 간직하고픈 고민이나 내밀한 감정까지 공유하자고 조르는 경우, 도통 혼자 있을 틈을 허락하지 않는 경우들이 해당한다. 그들은 연인이라면 무엇이든 똑같이 해야 하고 똑같은 감정을 느껴야 한다는 생각을 가지고 있다. 그들에게는 어쩌면 안전거리라는 게 무의미할지도 모른다. 물론 상대도 이러한 요구를 불편함 없이 받아들일 수 있다면 정말 문제가 되지 않을 수도 있다. 하지만 서로가 생각하는 안전거리에 차이가 클수록 문제는 더 쉽게 드러난다.

많은 사람이 상대가 자신에게 온전히 맞춰주길 바라고, 상대와 나 사이에 경계선을 허락하지 않는다. 우리는 왜 이렇게 쉽게 오류를 범하는지, 사랑의 기술자에게 조언을 구해보자. 미국의 정신분석학자이자 사회심리학자인 에리히 프롬은 《사랑의 기술》이라는 저서를 통해 삶의 여러 분야와 마찬가지로 사랑에 대해서도 기술을 배우고 고민해야 한다고 했다. 사랑에 무수한 실패를 거듭하면서도 실패의 원인을 가려내지 못하고 사랑의 기술을 배우려 하지도 않는 데 문제가 있다고 보았다. 그의 설명에 의하면 상대와의 차이를 없애고 완전히 일치하려고 하는 욕망은 본능에 가깝다. 사람에게는 기본적으로 분리에 대한 두려움이 있기 때문이다. 자연의 일부였던 우리가 세상에 태어나면서 철저히 혼자서 살아가야 하는 데서 오는 실존적 불안이다. 그 불안에 대한 도피로 '공생적 합일'을 하려는 경향이 있다고 그는 설명한다. 공생적 합일은 임신한 어머니와 태아의 관계와 같다. 태아는 필요한 모든 것을 어머니로부터 받고, 어머니의 생명 또한 태아로 인해 고양된다. 두 개의 육체가 하나로 존재하는 것이다. 하지만 어른의 사랑이 공생적 합일의 모습을 띤다면 유지되기도 힘들거니와 불안을 극복할 수도 없다.

프롬이 우리에게 권하는 사랑은 일치되는 것과는 대조적으로 상대의 고유한 모습을 변질시키지 않는다. 상대의 개성을 침해하지 않는 방식으로 함께하는 것이다. 그는 차이를 인정하는 이러한 사랑이야말로 실존적 불안에 대한 성숙한 대답이 될 수 있다고 보았다.

> 사랑은 고립감과 분리감을 극복하게 하면서도 그로 하여금 그 자신이게 하며 그의 본래 모습을 보유하게 한다. 사랑에 있어서는 두 존재가 하나로 되면서 동시에 둘로 남아 있다고 하는 역설이 성립된다.
> ＿ 에리히 프롬,《사랑의 기술》중에서

안전거리를 유지하는 것은 그 사람의 본래 모습을 존중하는 사랑의 기술이다. 꽃이 아름답다고 해서 함부로 꺾어서 몸에 지니고 다닐 수는 없다. 꽃을 사랑하는 사람이라면 물을 주고 따뜻한 볕을 내어주면서 꽃이 지닌 고유한 아름다움이 시들지 않도록 할 것이다. 사람을 사랑하는 것도 마찬가지다. 상대가 지닌 아름다움과 상대의 개인적인 영역을 침범해서는 안 된다.

사랑하니까 사소한 것도 공유하고 싶고 많은 걸 드러내 보이고 싶은 것은 자연스러운 모습이다. 하지만 아무리 뜨겁게 타인을 사랑하는 사람이라도 분명히 자기만의 영역은 존재한다. 그 영역에 누군가 예고도 없이 불쑥 들어온다면 마치 처음 보는 사람이 '네 신체비밀이 뭐야?'라고 물었을 때 느끼는 당혹스러움을 경험할 것이다. 아무리 친밀한 사람이어도 드러내기 싫고 침범당하기 싫은 부분은 분명히 존재한다. 지구와 달과 태양도 우리가 상상할 수 없는 긴 시간 동안 한결같이 공전과 자전 거리를 유지하며 돌고 있다. 그 거리를 유지하는 일은 오랜 시간을 함께하기 위한 그들만의 규칙이었을 것이다. 하물며 길어봐야 백 년도 채 함께하지 못하는 인간의 사랑은 어떨까.

누군가는 사랑하는 사람을 위해서라면 생명도 내어줄 수 있을지 모른다. 밥도 떠먹여주고 씻겨도 주고, 내가 희생해서라도 그 사람이 편하고 행복하도록 모든 걸 내어주는 것이 사랑의 힘이고 위대함이라고 많은 영화와 소설은 말한다. 하지

만 사랑하는 사람을 위해 해줄 수 있는 또 다른 선물이 있다. 그 사람만의 공간을 지켜주고 사적인 영역을 침범하지 않는 것, 그 사람이 온전히 그 사람일 수 있게 때로는 뒤에서 지켜봐주는 것이다.

사랑이 아름다운 건 서로가 완전히 일치하기 때문이 아니다. 너와 나의 다름이 만들어내는 조화 때문일 것이다. 그 조화 안에서 더 나은 나와, 더 나은 당신이 탄생하는 것이다. 내 본연의 모습을 지키는 일, 나를 더 나답게 만들어주는 것도 사랑이다. 더 나은 나와 당신의 어울림이 만들어내는 위대한 조화를 위해서 존중과 배려는 성숙한 사랑의 기술이다.

＼ 그러나 교차할 수 있도록

반대로 심리적 거리가 너무 멀어서 어긋나버리는 사랑도 있다. 갓 취업한 친구를 축하할 겸 지인들끼리 모인 식사자리였다. 그동안 취업 준비하느라 고생 많았다고, 이제 연애도 하고 취미생활도 하라고 말했더니 이런 대답이 돌아왔다. "돈 좀 모아서 차 한 대 먼저 뽑고요. 요즘은 차 없으면 여자들이 만나주지도 않아요." 의외의 답변에 놀라기도 했지만 안타까움과 쓸쓸함을 감출 수 없었다.

요즘같이 팍팍해진 시대에는 사랑도 취업처럼 스펙이 중

요해져버렸다. 무언가 '눈에 보이는 것'을 더 많이 갖춘 사람이 사랑에도 유리하다는 것이다. 그래서 사랑의 달콤함을 맛보기도 전에 포기하는 일이 생겼다. '삼포세대'라는 신조어가 그 현실을 보여준다. 삼포세대는 연애, 결혼, 출산을 포기하는 요즘의 청년들을 뜻하는 말이다. 이들은 남들보다 더 가지지 못했으니 사랑을 누릴 자격이 없다고 판단한다. 그 반대편에는, 자신이 많이 가졌기 때문에 쉽게 사랑할 수 있을 거라 믿는 사람도 있다. 더는 잃기 싫고, 더 가져야만 하는 심리가 담겨 있는 듯하다. 하지만 지금보다 훨씬 가난하고 어려웠던 시절에도 사랑이 존재하지 않은 적은 없다. 어쩌면 멋없는 생각이 멋없는 사랑을 계속해서 만들어내고 있는 것은 아닐까.

사랑이 생겨난다는 것은 둘 사이의 교차점이 있다는 것이다. 두 자아가 서로를 향해 흔들리고 또 섞이는 부분이 생기면서 사랑이 가능해진다. 너무 쉽게 시작하고 너무 쉽게 끝나버리는 사랑에는 애초에 이 교차점이 없었을 수도 있다. 겉으로는 연애의 모습을 취하고 있지만 내적으로는 상대를 자신 안으로 받아들인 적이 없었던 것이다. 내 자아만이 너무 중요하기 때문이다. 상처에 취약해지고 사랑도 스펙이 중요하다고 믿는 사람들의 안전거리는 그래서 너무나 멀다. 타인이 침범해서는 안 되는 자신만의 영역이 너무 넓고 딱딱하다. 오로지 자아만이 너무 중요하고 조금도 다치기 싫은 사람이라면 사랑도 결혼도 풀고 싶지 않은 숙제일 게 뻔하다.

프랑스 파리는 한때 '미틱Meetic'이라는 만남 알선 광고 포스터로 도배된 적이 있다. 포스터에는 '사랑에 빠지지 않고서도 우리는 사랑할 수 있습니다' '고통받지 않고서도 당신은 완벽하게 사랑할 수 있습니다' 등의 문구가 쓰여 있었다. 욕망을 건드리기 위해 더 자극적으로 표현되었을 수도 있겠지만 사람들이 어떤 사랑을 기대하는지를 반영하기에는 충분해 보인다. 이에 대해 프랑스의 철학자 알랭 바디우는 "광고가 뜻하는 바와 같은 위험부담 없는 사랑은 결코 사랑이 될 수 없다"고 지적했다. 이는 결국 실존을 회피하는 쾌락주의의 변형일 뿐이며 타인과의 진실된 경험이나 시련을 거부하는 태도라는 것이다.

> 사랑의 적은 경쟁자가 아니라 바로 이기주의입니다. 이렇게 말할 수 있겠습니다. 내 사랑의 주된 적, 내가 쓰러뜨려야만 하는 것은 타인이 아니라 바로 나, (중략) 자신의 세계를 강요하려 하는 '자아'입니다.
>
> __ 알랭 바디우, 《사랑 예찬》 중에서

그는 사랑의 본질을 두 사람이 함께 세계를 구축해나가고 그 안에서 장애물들을 극복해나가는 것이라고 본다. 혼자 경험하는 세계와 타자와 함께 경험하는 세계는 분명히 다를 것이다. 두 사람의 차이에서 비롯되는 새로운 세계는 아주 멋진 경험일 수도 있고 때로는 시련일 수도 있다. 시련을 함께 극복해나가는 것도 사랑의 속성이라고 했을 때, 보이지도 않을 만큼 멀찌감치 서 있는 상대와는 무엇도 해낼 수 없을 것이다. 마음과 마음이 섞인 적도 없는 사람과 어떻게 경험을 함께할 수 있겠는가.

앞에서 말했듯이 사랑하는 남녀의 조화가 신비로움에 가깝게 느껴지는 이유가 이것이다. 서로가 교차하고 섞이며 서로에게 길들여지는 지점 말이다. 이것은 마치 우리가 어린 날에 읽었던 생텍쥐페리의 《어린 왕자》를 떠올리게 한다.

물론 너에게도 나는 수많은 여우 중 한 마리일 뿐이겠지. 그렇지만 만일 네가 나를 길들이면, 우리는 서로가 필요하게 되지. 내게는 네가 이 세상에 하나밖에 없는 아이가 될 것이고, 나도 너에게 유일한 존재가 될 거야.

__ 생텍쥐페리, 《어린 왕자》 중에서

서로가 가까워지지 않고 그저 떨어진 섬처럼 오직 자신으로만 존재한다면, 그래서 사랑이 그저 놀이에 지나지 않는다면, 서로가 소중해질 일도 유일해지는 일도 없을 것이다. 70억이 넘는 무수한 사람들 사이에서 타인과 내가 만들어내는 가장 멋진 조화가 둘의 '마주침'에서 시작되는 것은 분명하다.

　모든 문제가 그렇듯이 사랑의 안전거리 또한 '적당히'의 문제로 귀결된다. 상대의 개인영역을 존중하지 못하고 안전거리를 무시하는 쪽이든, 자아를 보호한다는 명목 아래 너무 먼 쪽이든, 관계는 무너질 수 있다. 조화로움이 단번에 이루어질 수 없듯이 실수와 오류들을 통해 조금씩 현명한 거리를 익혀가야 할 것이다. 서로에게 딱 맞는 거리를 찾는 일은 어쩌면 사랑이 지닌 평생의 과제일지도 모른다.

혼자 있을 줄 모르는
불행이라니

우리의 불행은 거의 모두가 자신의 방에 남아 있을
수 없는 데서 온다.

_파스칼

밤 11시, 마魔의 시간. 자려고 침대에 누웠으나 잡념이 나를 덮
쳐온다. 직장 동료에게 했던 말이 못내 마음에 걸린다. '그 말
까지는 하지 말걸.' 후배가 나를 무시하는 것도 같다. '그때는
웃고 넘겼지만 다시 생각하니 기분이 나쁘네.' 그러고 보니 얼

마 안 있으면 인사평가가 있는 것도 떠오른다. '어쩌지. 아무래도 올해는 망했다!' 그리고 이번 주말에 소개팅을 하기로 한 사람에게 아직 연락이 오지 않고 있다. '설마 파투 내는 건 아니겠지?' 하루를 바삐 보내느라 묻어두었던 감정과 걱정거리들이 한꺼번에 휘몰아친다. 억누르고 있던 불안이 스멀스멀 올라오기 딱 좋은 시간이다. 결국엔 죄 없는 휴대폰을 만지작거린다. 시시콜콜한 연예인 기사를 뒤적거리다가 결국 '카톡'을 열어본다. 그러고는 이러한 결론을 내린다. '애인이 없어서 외로운 거야.' '이 시간에 통화할 애인이 있었으면 좋겠다. 그럼 허전하지 않겠지.' 이렇게 혼자인 밤시간은 우리를 외롭게 만든다. 우리는 고독한 감정을 회피하기 위해 습관적으로 누군가를 찾는다.

＼　누군가 옆에 있기만 하다면 외롭지 않을까

고독하다고 느낄 때의 감정은 깊은 불안을 내포하고 있다. 그런데 과연 이 감정이 애인이 없기 때문에 생기는 것일까. 함께 있을 사람만 있으면 이 모든 외로움과 고독에서 자유로울 수 있을까. 이러한 믿음을 박살 내기란 의외로 쉽다. 가까운 커플이나 기혼자에게 물어보기만 하면 된다. 외로움을 느낀 적이 언제였느냐고. 연애하면서는 고독을 느낄 시간이 없지 않느냐고. 안타깝게도 기대한 답변을 쉽게 들을 수 없을 것이다. 사랑하는 사람과 함께 있으면서도 외로운 사람이 있는가 하면, 결혼하고 나서 오히려 더 고독해지고 우울해진 사람들도 무수히 많기 때문이다. 그러니까 고독은 언제 어느 때나 내 전화를 받아줄 애인이 있다고 해서 해결되는 것이 아니다. 그래서 누구나 느끼는 깊은 고독과 외로움에 대한 다른 접근이 필요하다.

아이러니하게도 이 고독의 시간이 우리를 지켜낼 수 있는 힘이 된다. 하루 종일 가면을 쓰고 있느라 꽁꽁 숨겨놓았던 자아는 진짜 자신과 마주하는 시간, 온전히 혼자인 시간의 고독함 속에서 드러난다. 단, 고독이 힘을 발휘하기 위해서는 연습이 필요하다.

＼　검은 고독에서 흰 고독으로

"이제 고독은 더 이상 두려움이 아닌 나의 힘이다"라고 확신에 차서 말하는 사람이 있다. 세계 최초로 에베레스트를 무산소 등정하고, 세계에서 아홉 번째로 높은 봉우리이며 수많은 산악인의 목숨을 앗아간 낭가파르바트를 장비 없이 단독 등반하는 역사적 기록을 세운 라인홀트 메스너. 이탈리아 출신의 산악인인 그는 등반계의 살아 있는 전설이다. 또한 진실한 내적 경험과 실존적 등반 철학을 글로 담아냄으로써 산악문학상을 세 번이나 수상한 문학가이기도 하다.

　1970년 메스너는 동생과 함께 산 정상을 오르는 기쁨을 맛보려다가 눈사태로 인해 동생을 잃었다. 홀로 내려오는 하산길은 그야말로 슬픔과 자책과 두려움의 시간이었다. 게다가 등반기록을 위해 동생을 희생시켰다는 여론은 그를 더욱 괴롭혔다. 설상가상으로 유일한 위로가 되었던 아내와 이혼을 하게 되었다. 그는 아내와 이별한 후 절대고독을 느꼈다고 고백했다. 달래지지 않는 고독은 그를 절망하게 만들었다. 그는 글에서 이때의 괴로움을 '검은 고독'이라 이름 붙였다.

　하지만 그는 검은 고독을 피하지 않고 불안을 마주하기 위해 다시 산에 올라, 에베레스트 무산소 등정의 위업을 이루고 연이어 낭가파르바트를 등정해냈다. 많은 이를 죽음으로 몰아넣은 그 길을 오르며 탈진과 산소부족으로 그 또한 생과 사를 오갔다. 그리고 그 삶과 죽음 사이의 두려움을 홀로 버티어냈다. 그는 그 경험에 대해, 존재의 본질적인 물음에 해답을 구하기 위해서 도전했다고 말했다. 아마 오랜 시간 동안 자신과 싸워냈을 것이다. 그의 책 《검은 고독 흰 고독》에는 낭가파르바트를 단독 등반하게 된 과정과 등반 경험이 가감 없이 기록되어 있다. 중요한 것은 그 경험 이후 검은 고독이 자신의 존재를 인식하게 해주는 힘으로 변화했다는 것이다.

그는 산에 혼자 오르면 고독이 엄습하여 질식할 것만 같은 불안을 느낀다고 한다. 산이라는 현실 뒤에 무엇이 있는지 알 수 없기에 결국 산은 '불확실'로 채워져 있다는 것이다. 그런 불확실성 속을 온몸으로 헤매면서 얼마나 두려웠을지 가늠할 수조차 없다. 그는 결국 고독과 고요 속에서 새로운 자신을 발견했고, 그 경험은 두려움이 아니라 힘이 되었다고 밝히면서 이러한 고독을 '흰 고독'이라고 표현했다.

나는 산을 정복하려고 이곳에 온 게 아니다. 또 영웅이 되어 돌아가기 위해서도 아니다. 나는 두려움을 통해 이 세계를 새롭게 알고 느끼고 싶다. 이 높은 곳에서 아무도 만날 수 없다는 사실이 오히려 나를 지탱해준다. 이 고요 속에서 분명 나는 새로운 자신을 얻게 되었다.

_ 라인홀트 메스너

과연 당신이 느끼는 고독은 당신을 두려움에 떨게 하는 검은 고독인가, 당신을 지켜내는 흰 고독인가?

＼ 혼자만의 시간에 만나는 참자기

흔히 인생을 등산에 비유하곤 한다. 하지만 꼭 위대한 산악가가 되지 않더라도 우리는 검은 고독을 흰 고독으로 바꿀 수 있다. 그 첫걸음이 바로 허전함을 느끼는 밤시간을 잘 보내보는 것이다. 그러기 위해서는 휴대폰게임이나 타인에게 의존하는 습관을 버리고 마음의 불편감에 익숙해져야 할 필요가 있다.

혼자만의 시간을 잘 견디지 못하고 스스로의 감정을 잘 보듬지 못하는 사람일수록 타인에게 의존적이고 타인에 대한 기대가 높기 마련이다. 그리고 혼자인 시간을 되도록 만들지 않기 위해 끊임없이 이 사람 저 사람을 찾으러 다니며 진짜 자아와의 시간을 갖지 않으려 한다. 그럴수록 더욱 타인의 인정에 매달리게 된다. 하지만 이것은 거짓자기false-self의 모습일 수 있다. 정신분석학에서 많이 사용되는 개념인 거짓자기는 소아과 의사이자 정신분석학자인 도널드 위니콧이 깊이 있게 연구한 주제다. 참자기true-self와 짝을 이루어 종교와 철학계에서도 다루어지는 주제다. 거짓자기는 환경적 요구에 순응하거나 다른 대상을 모방하는 것으로 겉보기에는 큰 문제로 보이지 않는다. 건강한 경우에는 공손하고 예의 바른 사회적 태도로 드러나기도 하지만, 건강하지 않은 경우는 자아의 본질이 결여된 모습으로 가짜의 삶을 살게 할 수 있다. 거짓자기를 통해 사회적으로 인정받는 데 성공적일수록 자신을 가짜로 느낄 수 있다고 위니콧은 설명한다. 그런 생각은 허무감을 느끼게 해서 또다시 누군가의 인정을 갈구하게 된다. 따라서 거짓자기가 숨기고 있는 참자기를 발견할 기회가 필요하다.

자신의 내면을 마주한다는 건 실은 엄청난 용기가 필요한 일이다. 자신의 결점, 시기심, 두려움을 있는 그대로 바라본다는 것은 쉬운 일이 아니기 때문이다. 하지만 자신만을 위한 시간을 조금씩 늘려가다 보면 불편감은 차츰 평온함으로 바뀌어 갈 것이다.

우선 티브이나 휴대폰을 꺼두고 하루에 10분씩만이라도 자신만의 고요한 시간을 가져보자. 단지 자신에게 떠오르는 감정을 그대로 지켜보면 된다. 너무 많은 감정과 잡념이 한꺼번에 몰아쳐온다면, 떠오르는 대로 하나씩 노트에 적어보는 것도 좋다. 겹쳐 있을 때는 막막하게 다가왔던 감정들을 하나씩 나열하다 보면 어지럽게 흐트러진 책들을 책꽂이에 넣는 것처럼 조금씩 정리가 될 것이다.

혼자 있을 때 행복한 사람이 함께 있을 때 더 행복하다는 말은 일상의 고민거리나 삶의 중대한 문제들을 해결할 힘을 자신의 지혜로부터 찾아야 한다는 것과 일맥상통한다. 문제가 생길 때마다 타인에게 의지한다면 진정으로 자신에게 맞는 답을 찾을 수 없다. 스스로 만족감을 느끼는 일도 드물다. 만약 당신이 그러한 습관을 가졌다면 한번쯤은 그 태도를 의심해보자. 혹시 문제집 뒤편의 해답지를 펼치는 것처럼 정답이 빠르고 단순명료하게 주어지는 데 익숙해진 것은 아닌가 하고 말이다. 나만의 최선의 답을 찾기 위해 가끔은 기나긴 숲을 지나야 할 수도 있고 아주 컴컴한 적막을 지나야 할지도 모른다. 혼자서 방황하고 묻고 고민하는 시간이 필연적이다. 그래서 고독을 받아들이고 그 힘을 알게 된 후에는 프랑스 시인 보들레르처럼 이렇게 말하게 될지도 모른다.

"혼자 있을 줄 모르는 이 불행이라니!"

Chapter

가족의 불안

굳이 결혼하지
않겠습니다

연애는 해도 결혼은 하지 않겠다는 사람들이 많다. 결혼은 당연히 해야 하는 것이 아니라 선택이라고 생각하며 혼인할 의사가 없는 사람들을 '비혼주의자'라고 한다. 아직 결혼을 하지 않았음을 뜻하는 '미혼'과는 다르다. 한국사회에 확산되는 비혼주의를 들여다보면 "결혼을 하느니 고양이를 키우겠다"고 말하는 청년들도 많다. 자발적으로 결혼을 택하지 않는 이들 중 상당수가 우리 사회에서는 결혼을 하면 손해를 본다고 판단한다. 또 결혼은 했지만 아이를 낳지 않기로 결정한 '딩크족DINK: Double Income No Kids'도 늘어나고 있다. 딩크족은 부부생활을 영위하면서 의도적으로 자녀를 두지 않는 맞벌이 부부를 일컫는 용어다. 비혼주의자나 딩크족의 주장은 단순하다. 결혼을 해서 또는 아이를 낳아서 행복할 자신이 없다는 것이다.

명절에 친척들이 모이면 마치 짜기라도 한 듯이 "언제 결혼하느냐" "애는 왜 안 낳느냐"는 질문부터 쏟아내는 이곳에서 우리는 왜 비혼을 선언하게 된 것일까. 또한 설령 결혼을 했다고 하더라도 자신의 임신 소식에 기쁨보다는 겁부터 나는 이유는 무엇일까. 싱글족과 딩크족을 선택하는 이들의 불안을 이해하기 위해서 시선을 확장해보아야 할 것 같다.

\ 결혼의 의미가 바뀌다

최근에 와서는 결혼의 의미가 단순히 남녀의 결합을 넘어, 행복한 삶을 일구려는 시도의 연장선이 되었다. 힐링이 유행처럼 번질 정도로 많은 사람이 심리적 건강에 관심을 기울이면서, 평생을 함께할 배우자가 라이프스타일을 공유할 뿐 아니라 정서적으로 교류할 수 있는 소울메이트이길 바라는 기대가 생겼다. 나이가 찼으니 적당한 사람이 있으면 크게 따지지 않고 결혼하겠다는 사고방식은 찾아보기 힘들다. 당연히 그에 부합하는 상대를 만나는 일도 더 어려워졌다. 그런데 젊은 층의 사고방식이 이처럼 변화한 데 비해서 결혼이라는 제도는 시대의 변화를 따라오지 못했다. 어렵게 운명의 상대를 만났다고 하더라도 결혼이라는 제도가 요구하는 조건들을 맞추느라 고전하게 된다. 양가 어른들의 기준을 만족시켜야 하거나, 결혼이라는 이벤트를 위한 목돈을 마련해야 하는 것 등이 그 예다. 이런 어려움을 충분히 예상하는 요즘 청년들이 "결혼을 하느니 혼자 고양이를 키우는 게 낫겠다"라고 말할 만도 하다.

이나영 중앙대 사회학과 교수는 비혼주의의 원인으로 '불확실성의 시대'를 꼽았다. 두 자릿수의 청년실업률과 해결되지 못한 사회문제들은 결혼과 출산을 고민할 수도 없게 만든다. 결혼 대신에 반려동물과의 삶을 택하는 이들에게 불확실성의 의미는 단지 경제적인 문제만은 아닐 것이다. 우리가 가정을 꾸려서 얻기를 기대하는 것, 행복하게 잘 사는 것에 대한 확신이 들지 않는 것이다. 특히 성장과정에서 부모의 끊임없는 갈등을 목격했거나 부모님 스스로 결혼생활을 불만족스러워하는 것을 가까이서 지켜본 이들은 더더욱 주저하게 된다. 언제 결혼할 거냐는 성화에 이런 질문을 던질 수 있는 것이다. '왜 당신이 행복하지 않았던 결혼생활을 우리더러 하란 말이지?'

이때 남성과 여성이 결혼에 대해 가지는 불안은 각기 다른 면이 있다. 먼저 여성의 경우를 보자. 30~40년 전에 비하면 지금은 교육수준이 상당히 높아졌다. 어려운 생활 속에서도 아들만큼은 고등교육을 받게 해야 한다는 분위기였던 옛날에 비해서 여성의 교육수준은 특히 더 향상되었다. 그리고 아낌없이 자녀교육에 투자하는 부모들의 마음에는 내가 못 배운만큼 자식들은 마음껏 배우고 당당하게 살았으면 하는 바람이 있었다. 배움이 짧아 큰소리를 내지 못하는 고충을 알기에, 기를 펴고 당당하게 커리어를 쌓기를 바랐다. 딸들은 커가면서 암묵적으로 혹은 직접적으로 '주체적으로 살라'는 메시지를 마음에 새겼다. 배우지 못한 어머니들의 한은 딸들을 멋지게 키워내는 것으로 대리만족되어왔다.

아이러니한 것은 이러한 환경의 변화에 비해서 결혼제도 속 여성의 의무와 역할은 크게 변화하지 않았다는 것이다. 맞벌이 부부여도 육아와 집안일의 무게는 여전히 여성에게 치중되어 있고, 명절이면 아직도 많은 아내가 앞치마를 두르고 전을 부쳐야 한다. 물론 집집마다 차이가 커서 이러한 일을 생략하는 가정도 늘어났지만 여전히 많이 남아 있는 것도 사실이다. 제아무리 사회에서 인정받는 커리어우먼이라도 결혼제도 안에서는 어쩔 수 없이 옛날 어머니들의 모습을 재현하는 것이다. 예전에는 전통적 여성의 역할을 당연히 수긍하고 받아들였다면, 지금은 여성들 스스로 태도가 달라졌기 때문에 이로 인한 부부갈등도 커졌다. 부모의 아낌없는 지원 속에서 멋진 미래를 꿈꾸었다가 결혼 이후 현실의 벽에 부딪힌다.

과도기인 현재의 풍경 속에서는 여성의 역할이 변화했다기보다 기존의 역할에 직장인으로서의 의무가 더해졌을 뿐이다. 남녀의 육아휴직 사용 비율만 보아도 충분히 가늠할 수 있다. 남성 육아휴직자의 비율은 전체의 10%를 조금 넘는 정도다. 업종에 따라서는 이마저도 딴 세상 얘기이고 남성이 육아휴직을 전혀 사용하지 못하는 분위기의 회사도 물론 많다. 아무리 예전보다 나아졌다고 하지만 집안일과 육아는 여성의 몫이며 거기에 직장생활까지 겸하고 있으니 당연히 결혼한 여성들의 원성이 자자할 수밖에 없다. 예쁜 아기들의 미소 한 번에 고달픔을 위로받는 것은 예전이나 지금이나 다르지 않다.

＼ 선택의 기로에서 부모를 떠올리다

이러한 현실 앞에서 여성은 스스로 '나는 과연 좋은 아내 혹은 엄마가 될 수 있을까?'라는 의심을 품게 된다. 수많은 변수와 우리가 통제할 수 없는 현실적인 문제들을 극복하고 좋은 아내나 엄마가 될 수 있을지 자신할 수 없는 것이다. 또한 그 질문에 스스로 답을 찾기 위해 곰곰이 생각하다 보면 우리가 경험했던 유일한 엄마·아빠의 모습인 자신의 부모를 떠올리게 된다.

미국의 여성작가 애나 홈스는 〈엄마 되기의 두려움〉이라는 글에서 어머니를 보면서 형성된 생각이 자신의 결정에 지대한 영향을 미쳤다고 말한다. 그녀의 어머니가 굳이 말하지 않았어도 그녀는 어머니 혼자서 감당했던 양육이 어머니의 삶을 얼마나 구속했는지 알 수 있었다. 또한 어머니가 본인의 삶을 가족에게 헌신하면서 무엇을 포기했는지도 이해했다.

엄마가 되는 것에 대해 여성이 갖는 두려움을 '편하게 살고 싶은 이기심'이라고 해석하는 사람도 있다. 하지만 홈스가 지적하는 것처럼, 남성의 양육 참여 비율이 아무리 높아졌다고 하더라도 사회가 여성에게 요구하는 기대는 그 이상이다. 거기에는 자신을 관리하지 않으면 여성성을 잃은 것이나 다름없다는 미적 기대에 대한 시선도 포함된다. 우리도 '당당하고 주체적인 여성이 되라'고 말하는 엄마들이 감당해온 눈물나는 헌신을 잘 알고 있다. 그래서 그들의 바람처럼 '커리어우먼'을 꿈꾸면서도 한편으로는 남편을 내조하고 집안일에 헌신적이었던 어머니의 모습을 떠올리는 것이다.

남성들의 입장도 마찬가지다. 여성들이 가까이서 경험한 여성상이 헌신적인 가정주부였다면, 남성들은 가장의 무게를 견디며 묵묵히 사회생활을 하는 아버지의 표상을 마음에 새겼다. EBS 다큐멘터리 〈감정시대〉에서는 아버지가 가진 불안이 아들에게 대물림된다고 설명하면서 한 부자父子를 인터뷰했다. 은행지점장이었던 아버지는 IMF 외환금융위기 때 실직자가 되었다. 평생 무직상태를 상상해본 적 없던 그는 직장 밖으로 내몰리면서 엄청난 불안감을 떠안게 되었고, 자녀들 또한 경제적 어려움과 함께 아버지의 감정을 물려받았다. 아들은 어렵게 스물다섯 살에 서울대에 들어갔지만 아버지의 얼굴에 드리운 불안을 자신의 것으로 만들었다. 그러면서 그는 무언가 잘 되지 않으면 자신의 노력을 탓하거나, 죽을힘을 다해서 살아가야 하는 현실을 받아들였다. 그는 "가장家長은 무거움이다"라고 정의했다.

불안의 대물림은 IMF와 같은 특별한 사회적 상황에서만 나타나는 현상이 아니다. 정신분석이론에 의하면 엄마의 정서는 아이의 정서로 대물림된다. 엄마의 정서가 불안정하면 아이의 정서도 불안하고, 애착 형성이 잘될 가능성도 낮아진다. 그래서 정신분석학자이자 임상심리학자인 영국의 피터 포나기 교수는 "엄마는 아이의 거울이고, 아이는 엄마의 거울이다"라고 말했다.

부모가 과거에 해결하지 못한 감정의 문제들은 '동일시'와 '투사'의 방법을 통해 대물림된다. 동일시는 다른 사람을 닮게 되는 무의식적이고 자동적인 정신과정이다. 어렸을 때는 주 양육자인 부모가 유일한 세상이기 때문에, 부모의 행동뿐만 아니라 부모가 스스로 처리하지 못하고 쏟아내는 감정들을 동일시하여 흡수한다. 투사는 자기가 받아들일 수 없는 충동이나 생각을 타인에게 옮겨놓는 것이다. 자신의 흥미나 욕망을 스스로 인정하기가 어려울 때, 남의 것으로 덮어씌운다는 뜻이다. 따라서 부모에게 스스로 받아들일 수 없는 감정이 있었다면, 이를 외부로 표현하지 않았더라도 자녀에게 투사의 방식으로 전달되었을 수 있다.

긴밀하게 연결되어 있는 가족관계 내에서 요즘의 청년들은 부모가 헌신 속에 숨겨왔던 불안을 고스란히 내재화했을지도 모른다. 자신의 역할에 충실하기 위해 많은 감정을 덮어둔 부모의 모습을 지켜보던 우리는 이제 선택의 기로에 서게 되었다.

이처럼 결혼을 하지 않거나 아이를 낳지 않기로 한 청년들의 결정 뒤에는 온당하면서도 안타까운 이유들이 있다. 비혼주의자와 딩크족의 증가를 시각에 따라서는 씁쓸한 현상으로 보는 어른들이 적지 않다. 하지만 위에서 언급했듯이 경제

상황과 사회 분위기뿐만 아니라 감정의 문제까지 들여다본다면 좀 더 자연스러운 현상으로 받아들일 수 있지 않을까. 어른들은 여전히 '세상 좋아졌다'는 말씀을 하시곤 하지만 이제 시작일 뿐인 청년들에게는 어느 것 하나 쉬워 보이지 않는다. 불확실성의 시대에서 신중하게 하나씩 결정해가는 청년들에게 편하게 살려고만 한다는 비판보다는 세대 간의 이해와 공감이 필요하다.

결코 서로에게
완벽할 수 없다

여자형제가 없는 나는 유독 자매들을 부러워했다. 친구들이 언니나 여동생에게 의지하는 모습을 볼 때, 친오빠와 점차 공감대가 줄어드는 나와 비교되어 상대적으로 좋아 보였다. 하지만 부러움을 살 만한 돈독한 자매가 있는가 하면, 성격 차이 때문에 심각한 갈등상태에 놓여 있는 자매도 있었다. 라디오에서 듣게 된 한 사연도 비슷한 경우였는데, 한 집에 살면서도 전혀 대화를 하지 않는 자매였다. 자신이 여동생 때문에 열등감이 심하다면서 예쁘고 싹싹한 편인 동생을 부모님이 편애하는 것 같단다. 가족 안에서 생성된 열등감이 사회생활에까지 성격적 결함으로 드러나서 고민이라는 안타까운 사연이었다.

\ 가족으로 살아가는 어려움

심리적 문제의 많은 부분이 가족 안에서 기인한다. 그리고 성격 형성은 형제관계와 밀접한 관련이 있다. 아들러는 형제관계와 성격을 연관 지어 이론화하기도 했다. 출생순위, 즉 형제자매의 서열이 한 사람의 성격이나 열등감에 크게 영향을 미친다고 보는 것이다. 예를 들어 잠시 동안 사랑을 독차지했다가 동생의 탄생으로 사랑을 빼앗기게 되는 맏이의 경우, 다른 사람의 사랑이나 인정에 비교적 초연한 편이고 타인의 기대에 쉽게 순응하는 경향이 있다. 이에 비해 둘째는 태어날 때부터 형제라는 경쟁자를 가지고 있기 때문에 자극과 도전을 받고 이 때문에 빠른 발전을 보인다. 그의 생활양식은 형이나 언니보다 자신이 낫다는 걸 증명하기 위해 노력하는 것이라고 아들러는 설명한다. '형제간의 경쟁' '열등감'이라는 개념이 중심이 되는 아들러의 이론은 그를 지지하던 프로이트의 생각과 차이가 있었다. 프로이트는 어린 시절의 외상 경험이나 성적 욕구가 중요한 역할을 한다는 입장이었기 때문이다. 이후 아들러는 계속해서 독자적으로 이론을 발전시키고, 결국 둘은 결별한다. 외자녀가정이 늘어난 최근에는 출생순위에 근거한 성격이론의 의미가 덜해졌지만 형제간의 갈등은 한결같이 존재하는 듯하다. 재벌가 형제들의 권력싸움이나 비방은 단골 레퍼토리이다. 또한 앞서 말한 라디오 사연처럼 부모의 편애 때문에 생긴 형제간의 갈등이 많은 사례를 차지한다.

'열 손가락 깨물어 안 아픈 손가락 없다'라는 속담처럼 부모는 당연히 모든 자식을 공평하게 사랑한다지만 자녀들 입장에서는 그렇지 않은 것 같다. 안 아픈 손가락은 없지만 더 아픈 손가락은 있다는 것이다. 심리학자 리스 그린은 구약성서에 나오는 카인과 아벨이 부모의 편애를 상징적으로 보여준다고 해석한다. 현실의 부모의 모습에 투영해 보면, 하느님이 카인의 제사는 거부하고 아벨만 편애하는 것이 형제의 갈등을 폭발시킨 행동이라는 것이다. 일본의 정신과 의사 오카다 다카시 또한 형제자매 간에 벌어지는 폭력의 근간에는 부모의 관심을 빼앗겼다는 피해의식이나 질투가 있다고 설명한다.

최근에는 부모가 유발한 형제간의 갈등이 법정싸움으로 이어지는 웃지 못할 경우도 많다. 편애를 대놓고 보여주는 재산분배가 자녀들 간 소송전으로 이어지는 것이다. 특히 많은 사례가 장남에 대한 편애에서 비롯된다. 불공평하게 아들에게만 많은 재산을 물려준 것을 두고 자매들이 장남에게 소송을 걸어 '피고는 아들, 원고는 딸'이 되는 경우가 생기는 것이다. 법정싸움까지 가는 혈연들의 모습은 남보다도 못하다는 말이 무엇인지 보여준다.

우리가 가족에 대해서 가지고 있는 암묵적 믿음이나 고정관념은 현실과 괴리가 있다. 맏이는 부모처럼 동생들을 보살피고 양보를 한다는 것이나 부모는 아무 계산 없이 자녀들에게 공평하게 사랑을 준다는 것, 가족은 무조건 이해해주고 끈끈한 온정이 존재할 것이라는 생각들은 오히려 서로에게 더 큰 실망을 가져오기도 한다.

법정공방처럼 씁쓸한 현실의 모습이 형제간에만 있는 것은 아니다. 자칫 서로에게 아픔으로 끝나기 쉬운 대표적인 가족관계가 아마 부부관계이지 않을까. 사랑과 믿음으로 가족이 되기로 약속했지만 남남으로 끝맺는 이야기는 이제 드라마보다 흔한 현실이 되어버렸다. 서로가 주고받은 상처를 이혼 이후에도 치유하지 못하고 아파하는 사람들도 많으니, 가족이 된다는 건 어마어마하게 어려운 일임에 틀림없다.

부부라는 이름으로 가족이 된다는 것의 의미는 평생 함께한다는 낭만 이상이다. 결혼으로 부여되는 역할은 단지 '아내'와 '남편'뿐만이 아니라 '며느리'나 '사위', 나아가 '부모'가 되는 것까지 포함한다. 그리고 남자는 바깥일, 여자는 집안일로 나뉘어 있던 이전과 달리 맞벌이와 공동육아가 보편화되면서 이러한 변화와 기존 사고방식의 충돌도 갈등에 한몫을 한다. 가부장제에서 벗어나지 못한 남성이 집안일은 전혀 돌보지 않고 경제활동만으로 제 몫을 다했다고 믿는다면, 똑같이 직장생활을 하며 가정일과 육아까지 떠맡아야 하는 아내와는 충돌을 피할 수 없을 것이다.

부모와 자녀관계는 어떤가. 부모는 자식을 위해 무조건 희생하고 좋은 것만 주려 한다는 일반적인 믿음과는 달리, 심리학자 수전 포워드는 부모가 자녀에게 주는 부정적인 영향에 관해 책으로 엮었다. 최선을 다해 아이를 키웠지만 아이에게는 독이 되어 평생에 영향을 미치는 실제 사례들을 모아《독이 되는 부모》라는 책에 담았다. 한국에서는《흔들리는 부모들》이라는 제목으로 바꿔 출간될 만큼 이 진실을 독자들이 받아들이는 것은 쉽지 않았다. 그가 정리한 '독이 되는 부모'의 유형은 아래와 같은 범주로 나뉜다.

1. 신처럼 군림하는 부모
2. 의무를 다하지 않는 무능한 부모
3. 아이를 조종하는 부모
4. 잔인한 말로 상처를 주는 부모

5. 폭력을 휘두르는 부모

6. 술에 중독된 부모

　이러한 유형의 부정적인 영향은 자녀들이 성인이 되어 반복적으로 잘못된 연애에 얽히거나 대인관계에서 심각한 문제를 겪는 것으로 나타난다. 이 책은 전 세계적으로 베스트셀러가 될 만큼 큰 반향을 일으켰다. 부모의 입장에서는 내가 자녀에게 나쁜 영향을 주었다는 것을 인정하기가 어렵고, 자녀들 입장에서도 자신의 현재 문제가 부모님 때문이라는 것을 받아들이기 어렵다. 하지만 불편한 진실을 대면하고 이해를 넓혀가면 의도치 않게 대물림되는 상처의 고리를 끊을 수 있다. 또한 자신의 상처를 더 잘 이해하고 다음 세대에서는 똑같은 실수를 하지 않는 계기가 된다.

　미국 뉴욕대 정신분석학 교수 마이클 아이건은 상식적인 부모의 사랑 속에도 독이 포함될 수 있다고 설명했다. 양분을 주기 위해 노력하지만 그 안에 사회적이고 심리적인 독소가 있다는 것이다. 형제간이나 부부관계 안에서도 의도적으로 상처를 내는 일이 얼마나 있겠는가. 자신의 말이나 행동이 심리적인 독소를 포함하고 있는 것을 인지하지 못하는 데서 발생한 실수들이 대다수일 것이다. 아이건이 연구를 통해 전하려는 핵심은 누구나 좋은 의도를 가지더라도 타인에게 해로울 수 있으니 이런 오류들을 직면하고 자기성찰을 해야 한다는 것이다. 우리가 인정하기 불편하다는 이유로 놓치는 진실은 어쩌면 더 큰 실망과 상처를 만들어내고 개선될 가능성을 닫아버릴 수 있다. 가족에 대한 인식을 확대하고 변화시킬 필요가 있다.

＼ 변화하는 가족의 개념

가족의 모습은 이전과는 확연히 달라졌고 가족의 의미 또한 변화하고 있다. 문화인류학자 머독George Murdock의 설명에 의하면 본래 가족 생활은 경제적 협동, 공동거주, 사회적으로 인정된 배타적인 성관계, 그리고 자녀양육이 핵심을 이룬다. 하지만 최근에는 새로운 형태의 가족이 등장함에 따라서 새로운 정의가 필요해졌다. 앞서 언급된 1인 가정을 비롯해 법적인 결혼관계 없이 살아가는 동거가족이 있는가 하면 자발적으로 자녀를 낳지 않는 무자녀 가족, 이혼으로 생겨난 싱글맘·싱글파파와 같은 한부모가족, 그리고 재혼으로 결합된 재혼가족까지 형태는 더 다양해지고 이전보다 각각의 규모는 작아지는 추세다.

또한 가족응집력에 대한 의식이 유난히 강한 한국은 자

녀 세대가 독립을 하거나 결혼을 하면서 세대 간에 생기는 갈등이 높다. 변화에 유연하게 대처하지 못하는 어려움을 보여주는 현상일 것이다. 자녀들은 배우자와 새로운 관계를 형성하면서 원가족인 부모님과의 관계도 변화시켜야 한다. 여전히 부모에게 경제적·심리적으로 의존하고 있다면 문제는 발생할 수밖에 없다.

이렇게 점차 다양해지고 계속해서 변화하는 가족의 형태 안에서 우리가 가진 역할과 책임이 변화하지 않으면 충돌은 불가피할 것이다. 외자녀가정, 한부모가정 등이 늘어나는 요즘 같은 때 장남선호사상이 무의미해지는 것처럼 어떤 사고방식들은 자연스럽게 퇴색해가야 한다.

코카콜라 사장이었던 브라이언 다이슨은 인생을 다섯 개의 공을 가지고 노는 저글링에 비유했다. 다섯 가지는 일, 가족, 건강, 친구, 정신의 공이다. 일은 고무공이지만 가족 등은 유리공으로 되어 있어서 한번 깨지면 회복이 어렵다고 그는 말한다. 그만큼 조심스럽고 세심한 지혜가 필요한 부분이라는 뜻이다. 전문가들은 사회가 요구하는 정형화된 틀을 넘어 내가 선택하고 만들어가야 하는 가족의 의미와 모습이 있다면서, 각자가 원하는 가족의 모습으로 살아내기 위해 그 의미를 생각해볼 필요가 있다고 조언한다.

가족에 관한 아픈 진실은 누구나 직면하기 어렵다. 하지만 가족 안에서 발생하는 충돌이나 냉전은 그 어떤 관계보다 서로를 힘들게 한다. 다이슨의 말대로 깨진 유리공은 복원되기가 훨씬 더 어렵기 때문이다. '우리 가족은 어떤 모습이어야만 한다'는 관념보다는 자신이 놓치고 있는 불편한 진실은 없는지, 때로는 되짚어볼 필요가 있다. 가족이라고 해서 마냥 따뜻할 수만은 없고 자신이 바로 상처를 주는 당사자가 될 수 있음을 이해하기 시작했을 때 우리의 생각과 태도에도 변화가 생길 것이다. 절대 서로에게 완벽해질 수 없는 나와 타인 사이의 관계는 가족이라 해도 예외가 아니다.

화목한 가정이라는
환상

가족의 생계를 책임지던 청년이 있었다. 그의 이름은 그레고르 잠자. 꼬박 5년은 더 일해야 갚을 수 있는 아버지의 빚과 더불어 어머니와 여동생까지 그에게 생활비를 의존하고 있다. 새벽 다섯 시면 기차를 타고 출근해야 하는 이 고달픈 세일즈맨은 어느 날 아침, 자신이 한 마리의 흉측한 벌레로 변했음을 발견한다. 줄곧 그레고르의 노동력으로 안정이 유지되어왔던 가족들은 당황한다. 벌레로 변한 와중에도 가족의 생활비와 특히 여동생의 학비를 걱정하는 그와는 달리 가족들은 그의 혐오스러운 모습에 기겁할 뿐이다. 평소 애착이 깊었던 여동생도 처음에는 연민으로 돌보아주었지만 점점 지쳐간다. 경제력이라는 기능을 잃은 이 남자는 가족의 냉대 속에서 병들어가고 결국 비극적인 종말을 맞는다.

실존주의 소설가 프란츠 카프카의 단편소설 〈변신〉의 내용이다. 벌레로 변하는 비현실적인 설정 속에서 현실적인 문제를 드러내고 있다. 인상적인 것은 가족을 배경으로 했다는 것이다. 주인공이 생활비를 버는 동안은 그의 기능과 존재가 인정되지만 흉측한 벌레가 된 후에는 소통마저 단절되어버린다. 가족들의 태도가 확연하게 달라진다. 우리가 보통 '화목함'이나 '따뜻함'으로 포장하려 하는 가족의 모습과는 다르다. 아마 그런 가족이었다면 그레고르를 끝까지 돌보고 그 따뜻함으로 말미암아 그레고르는 다시 인간의 모습을 되찾았을지 모른다. 하지만 그런 감동은 일어나지 않았다. 가족들의 태도가 너무 비현실적으로 느껴지는가? 현대에는 이런 안타깝고 씁쓸한 가족의 자화상이 다양한 모습으로 숨어 있다.

＼ 가족의 현실은 따뜻하지만은 않다

얼마 전 기사를 보다가 이같이 현실적인 가족에 대해 생각할 기회가 있었다. 소설가 김훈과 작가 허지웅이 대화 형식으로 강연회를 가진 내용이었다. 허지웅 작가는 라디오방송에서 청취자들에게 '자신에게 일어난 불행한 일들'에 대해 사연을 받았는데 태반이 가족 이야기였다고 한다. 그는 사연들을 읽으며 참담하다는 말밖에 나오지 않았다면서, 가족이 가족에게 이렇게 잔인할 수 있는 것인지 의문스러워했다. 김훈 작가는 그의 말에 공감하며 이렇게 말한다. "저도 가족이란 멍에가 너무 힘들고 괴로워서 새가 되고 싶다는 생각을 했어요. 새는 가족이 없잖아요. 부럽고 자유로워 보여요."

오랜 시간 굵직한 소설과 에세이를 통해 인간과 삶의 내면을 묘사해온 일흔 살의 작가가 가족을 벗어나고 싶었다고 표현하다니 놀라우면서도 한편으로는 공감이 되었다. 겉으로는 드러나지 않지만 모든 가정이 크고 작은 문제를 안고 있다. 모든 개인이 겉으로는 웃고 있지만 내면에는 고민을 가지고 있는 것처럼 말이다. 실제로 가까운 지인들이 모여 깊은 얘기를 나눌 기회가 생기면 꼭 가족에 대한 고민이 빠지지 않는다. 아버지의 외도, 심각한 경제적인 위기, 끊임없는 가정폭력, 도저히 해소될 기미가 안 보이는 부모의 갈등까지. 허지웅 작가의 말대로 참담한 사연들이 내 가까이에도 분명히 있다. 하지만 아주 가까운 관계가 아니라면 평소에 가장 드러내고 싶지 않은 이야기도 바로 가족문제이다. 그래서 쇼윈도 부부라는 말처럼 쇼윈도 가족이 존재한다. 다른 어떤 문제보다 더 밝히기 싫고 수치스럽게 여기기 쉽기 때문이다. 겉으로 보기에 온전해 보이는 모습의 가족이어도 그 안에는 어떤 문제를 안고 있을지 모른다. 쉽게 드러내지 못하기 때문에 더 아픈 것이기도 할 테다.

＼ 가족신화의 위험성

개인이 페르소나라는 일종의 가면을 쓰고 있는 것처럼 가족 또한 그러하다. 여기서 가면이란 우리가 흔히 가족이라는 단어에 부여하는 이상적인 이미지다. 화목함, 따뜻함, 안정됨, 푸근함과 같은 것들. 드라마나 영화 등 여러 매체에서는 실제로 이러한 이미지를 중심으로 대중의 감동을 끌어낸다. 나 또한 감동에 약한 사람이지만 가끔은 마음이 불편하다. 보편적이라고 전제하는 가족의 이미지가 누군가에게는 상처가 될지도 모르기 때문이다. 그래서일까. 드라마에서 가족의 스토리가 이른바 '막장'일수록 시청률은 수직상승한다. 막장스토리가 우리 현실의 가족을 어느 정도 반영해주고 있는 것은 아닌지 의문스럽다.

물론 많은 가정이 제 역할을 건강하게 해내고 있는 것을 부정할 수는 없다. 하지만 그러한 건강하고 따뜻한 가정을 '보편적인' 가정이라고 통째로 판단하기에는, 우리네 가정사가 너무나 다양하고 개별적이다. 앞서 말한 카프카의 소설뿐만 아니라 많은 문학 작품에서는 이러한 개별성을 다루려는 시도가 계속되어왔다. 위대한 소설가 톨스토이는 쉰 살 무렵에 완성한《안나 카레니나》의 서두를 이렇게 시작한다.

행복한 가정은 모두 엇비슷하고 불행한 가정은 불행한 이유가 모두 제각각이다.

어쩌면 '화목한 가정'이라는 환상이 '우리 가족은 화목해야만 해' '행복해 보여야만 해'라는 강박을 만들어냈을지도 모른다. 상담심리전문가 한기연 박사는《나는 더 이상 당신의 가족이 아니다》라는 책에서 이 같은 오류를 지적하고 있다. 실제 가족 사이에서 일어나는 문제 자체보다 '환상 속의 가족'과 자신의 가족을 끊임없이 비교하는 데서 생기는 심리적 문제가 크다는 것이다. 환상 속의 가족에 비해 부족한 내 가족의 모습을 끊임없이 확인하면서, 완벽하지 않은 가족 속의 나 자신이 수치스러운 존재라고 인식한다. 한 박사는 부모란 언제나 희생적이고 형제들은 언제나 양보하며 가족은 그저 바라만 봐도 행복한 존재라는 '가족신화'에 빠져선 안 된다고 경고한다. 여기서 말하는 신화는 과학적인 근거는 없지만 사람들 사이에서 확신이 되어버린 관념을 뜻한다. 우리가 가족신화에 갇혀 있지 않고 복잡한 현실을 받아들이는 용기를 발휘할 때 비로소 문제에 대처할 힘이 생길 것이다.

＼ 문제는 과도한 기대다

가족신화로 인해 흔히 겪게 되는 문제의 중심에 '기대'가 있다. 가족 간의 기대는 암묵적으로 나타날 때조차 막강한 힘을 발휘한다. 그것이 의무와 책임으로 다가오기 때문이다. 누구나 그 기대를 쉽게 거절하지 못한다. 많은 것을 억압하며 가족을 위해 헌신하는 어머니는 그것이 당연히 제 역할이라고 생각했다. 자녀들의 학원비부터 비싼 운동화를 사줄 돈을 벌어오느라, 정작 가족들과는 함께할 시간이 적은 아버지도 그런 삶이 당연한 것이라 생각했다. 그뿐인가. 성인이 된 자식들이 부모의 기대와 요구에 부응하기 위해 무리하게 노력하는 경우도 많다. 당연히 제 몫이라고 여기며 책임을 다하는 이상으로 자신에게 거는 가족들의 기대는 차마 뿌리칠 수 없는 무거운 짐이다. 그래서 '나 하나만 참으면, 우리 가족이 평화로운 모습을 유지할 텐데'라는 마음으로 기꺼이 그 짐을 짊어지고 간다.

　〈변신〉의 주인공 그레고르도 가족이 자신에게 거는 기대를 자신의 의무라고 여겼을 것이다. 그래서 새벽마다 힘겨운 출근길을 감내했다. 아버지의 빚도, 여동생의 학비도 당연히 제 몫이라고 생각했다. 하지만 그가 능력을 잃게 되자 부모와 여동생은 모두 경제활동에 뛰어들었다. 진작에 가족들이 나눠 졌어야 할 짐을 그 혼자 짊어져왔던 것이다.

가족 간의 과도한 기대는 잘못되었다고 판단하기가 쉽지 않아서 대부분 묵묵히 받아들이려고 한다. 그래서 그 기대를 받는 사람은 이것이 자신을 무리하게 가두고 있다는 것을 알지 못한 채 매여 있기 마련이다. 그렇게 시간이 지나면서 기대는 점점 더 무거워지고 결국 자신이 지칠 때쯤에야 그것이 일종의 폭력이었음을 깨닫는다. 가족문제를 연구해온 임상심리학자 토니 험프리스는 희생을 요구하는 조건적 사랑이 가족을 불행하게 만든다고 주장한다.

> 불행으로 뒤틀린 가족상의 전형은 바로 가족이라는 관계를 인정해주는 대가로 희생을 요구하는 것이다. 한마디로 이들의 사랑은 조건적이다. 가족이란 울타리 안에서 자리를 인정받고, 가족으로서 사랑받으려면 일정한 조건에 부합해야 한다. 물론 그 조건을 설정하는 사람은 대개 부모다.
>
> __ 토니 험프리스, 《가족의 심리학》 중에서

우리는 왜 이렇게 비극이 될 정도로 지나치게 기대하고, 또 그 기대에 맞추려고 무리하면서까지 애쓰는 걸까. 왜 그레고르는 자신을 잃으면서까지 아버지의 빚과 여동생의 학비가 모두 제 몫이라고 받아들였을까. 과도한 기대를 받아들이면서까지 무거운 짐을 지려 하는 사람들은 심리적으로 가족과 깊게 연결되어 있다. 자신의 자녀나 형제, 때로는 부모를 자기 자신처럼 여기는 것이다. 물론 가족을 다른 관계보다 심리적으로 더 가깝게 느끼는 것은 자연스러운 감정이지만, 항상 문제는 '지나친 것'에서 발생한다. 타인과 지나치게 유착된 상태는 자신을 갉아먹으면서까지 타인을 위해 희생하게 하는 원인이 된다.

＼　때로는 가족에서 분리되어야 하는 이유

가족에 너무 밀착된 정서나 심리를 조금은 분리할 필요가 있다. 그 안에서 느끼는 의무감, 채무감, 책임감과 별개로 자신을 바라보아야 한다. 모든 의무와 책임에서 벗어나서 '네 멋대로 하라'는 뜻은 아니다. 자신을 살펴보고 한계를 인정해야 한다는 것이다. 그래야 내가 할 수 있는 것과 할 수 없는 것을 구분할 수 있다. 그러면 가족의 문제 중 어떤 것에 마음을 쏟고 어떤 것에는 냉정해질 필요가 있는지 판단할 수 있다.

건강한 가족관계는 건강한 개인에서 나온다. 가족에게 매여 '헌신' 혹은 '책임감'이라는 이름 아래 나의 상처나 고갈된 에너지를 돌보지 못한다면 결국 다른 가족원에게 화살이 갈 수밖에 없다. 가족은 하나의 시스템이다. 구성원끼리 복합적인 상호작용으로 이루어지기 때문에 한쪽만 삐걱거려도 큰 문제로 이어질 수 있다.

가족문제는 그 어떤 문제보다 쉽사리 해결되지 않는다. 복합적인 데다 떼려야 뗄 수 없는 관계인 탓이다. 회사는 그만두면 그뿐이고, 충돌이 많은 친구와 애인도 안 보면 그뿐이지만 가족은 그러기가 쉽지 않다. 그래서 자신을 돌보는 일을 소홀히 하지 않는 지혜가 필요하다. 험프리스 또한 행복한 가족관계를 위한 조언으로 자신의 욕구를 아는 것을 꼽으며 자신의 욕구를 스스로 책임져야 한다고 강조한다. 가족의 1차적 기능은 서로를 위해 희생하는 것이 아니라 가족 개개인의 잠재적인 소질을 최대한 발휘하도록 뒷받침해주는 것이기 때문이다. 우리에게는 따뜻한 감동을 만들어내려다가 현실을 무시해버리는 가족드라마보다는 지혜로운 시선으로 자아와 가족의 균형을 맞추어나가는 〈인생극장〉이 필요하다. 그 균형을 유지하는 지혜가 발휘될 때 '화목한 가족이라는 환상' 때문에 상처받는 일도 줄어들 것이다.

30대에 겪는
성장통

자라기 위해서 한바탕 아픔을 치러내는 시간이 있다. 하루가 다르게 커가는 갓난아기들이 밤중에 칭얼대는 것이나, 사춘기에 잠을 이루지 못하고 고민이 많아지는 것도 자라는 과정이었다. 외적·내적으로 급격한 성장을 위해 우리는 그 시기에 맞는 아픔을 견뎌왔다. 서른 즈음에 또 한 차례 성장통을 치르게 된다. 부모님으로부터 분리되는 시기인 이때는 독립이나 결혼을 통해 큰 변화를 겪는다.

　교육수준이 높아지면서 평균 결혼연령도 높아졌다. 그러

다 보니 청년들이 심리적·경제적으로 자립하는 시기도 자연스럽게 늦춰졌다. 이십대 중반에도 여전히 부모님께 의존하는 청년들이 많다. 대학원 입학부서에서 교직원으로 일하고 있는 지인은 입학지원서를 대신 제출하러 오는 어머니들을 종종 만난다고 한다. 입시 문의 전화를 해오는 부모도 많아졌다고 한다. 대학원 진학을 하려면 아무리 어려도 학부 4학년일 텐데 아직도 부모가 직접적으로 진로에 관여한다는 뜻이다.

심리학자 에릭 에릭슨의 관점에서라면 대학생은 발달단계상 성년기에 포함된다. 하지만 우리나라의 대학생은 위의 경우처럼 부모로부터 경제적·심리적으로 실질적 독립을 하지 못하는 사례가 많다. 따라서 많은 국내 심리학 연구에서는 이 시기를 청소년후기로 보기도 한다. 완전한 성인으로 보기 어렵기 때문이다.

╲ 마지막 성장통 '세 번째 개체화'

청소년후기에서 성인기에 접어들 때의 중요한 과제 중 하나는 부모와의 지지적이고 밀접한 관계 속에서 개인적인 정체감을 확립하는 것이다. 이를 '세 번째 개체화'라고 부른다. 학자들에 의하면 성인기에 들어서기까지 우리는 세 번의 개체화 과정을 거친다.

첫 번째 개체화 시기는 두 살 즈음이다. 이 시기의 유아들은 엄마와의 밀접한 유대관계가 점차 느슨해지고 자아를 확립한다. 엄마의 품에 안겨서 세상을 경험하던 아이는 자신의 두 발로 이곳저곳을 누비며 직접 만지고 맛볼 수 있다. 그러면서 아이는 자신의 힘을 깨닫는다. 첫 번째 독립의 과정이다. 이때의 자립심에는 외로움과 불안함이 겹쳐 있다. 그래서 아이를 이해해주는 부모의 태도가 무척 중요하다. 아이를 지지해주고 용기를 복돋아주면 아이는 자기 자신의 힘에 신뢰감을 가지고 크고 작은 모험을 해나갈 힘이 생기는 것이다.

아장아장 걷는 아이도 쌀통을 엎지른다든지 컵에 든 물을 쏟아보는 등의 일을 저지르기 전에 엄마를 한번 살핀다. 자신을 지지해주는 힘을 한번 확인하고 모험을 치르는 것이다. 이 시기에 부모는 아이에게 "너는 무엇이든 할 수 있어. 하지만 네가 필요로 할 때 우리는 언제나 너의 곁에 있어"라는 메시지를 준다. 지나치게 통제를 하거나 반대로 지나치게 방임을 한다면 적절한 안정감과 자립심이 확립되지 않는다. 이 단계는 발달과정에서 매우 중요한데, 독일의 심리전문가 우르술라 누버는 개인이 자신의 인생을 살기 위한 안정감을 충분히 확보하느냐, 불안에 떨면서 아버지나 어머니에게 강하게 매이느냐가 이 시기를 통해 결정된다고 설명한다.

두 번째 개체화는 사춘기이다. 질풍노도의 시기라는 말처럼 이때는 감정이 격변하며 보다 과격한 모습으로 부모와 거리를 두게 된다. 많은 청소년은 부모가 원하지 않는 모습과 행동으로 자신의 독립심을 보여주기도 한다. 흔히 이를 '반항'이라고 표현하지만, 독립적인 성인이 되어가는 과정인 것은 분명하다. 중요한 것은 부모와 단절되지 않은 관계 내에서 스스로 독립된 존재임을 경험하는 것이다. 부모가 나와 다른 존재인 것을 이해하면서 자기정체성을 확립한다.

그리고 이제 세 번째 개체화의 시기다. 이때는 심리뿐만이 아니라 결혼이나 경제적 자립, 분가를 통해 개체화가 이루어진다. 처음과 두 번째 개체화 단계는 이 세 번째 단계를 위해 매우 중요한 단계였다. 앞선 단계들을 별 탈 없이 건너왔다면 세 번째 개체화도 순조롭게 이루어질 가능성이 높다. 하지만 요즘의 청년들에게 세 번째 개체화는 어려운 과제가 되고 있다.

\ **개체화의 어려움, 분리불안**

세 번째 개체화의 실패는 앞의 두 단계보다 수면 위로 드러나기가 쉽다. 결혼을 통해 도드라지는 경우가 많기 때문이다. 요즘은 부모에게 의존하고 있는 상태에서 결혼을 하게 되면서 생기는 문제들이 많아졌다. 부모가 신혼집에 너무 자주 방문하면서 생기는 충돌, 과도한 관여에서 생기는 갈등, 그리고 부부의 선에서 끝나야 할 싸움이 집안싸움이 되는 것들이다. 신혼부부가 서로에게 적응하는 시간을 갖기 위해서는 기존에 익숙해 있던 것과 적절히 분리가 되어야 한다. 하지만 그 과정을 생략하면서 배우자와 신뢰관계를 형성하는 데 어려움을 겪는다.

대법원이 발간한 〈2015년 사법연감〉에 따르면 결혼 4년차 이하의 신혼이혼 비율이 22.6%이다. 이혼의 이유는 사람들의 성격만큼이나 다양하겠으나 신혼 때의 높은 이혼 비율은 새로운 환경과 새 역할에의 적응 문제, 배우자와의 의사소통 문제를 보여주는 것일 수 있다. 여기서 부모와 적절히 분리되지 않은 것 또한 원인이 된다. 가족치료사이자 심리학자인 머리 보웬은 배우자보다 부모를 우선시하는 태도가 결혼을 파멸로 이끈다고 말했다. 세 번째 개체화의 실패는 이처럼 눈에 띄는 문제로 드러난다.

세 번째 개체화가 순조롭지 않은 이유는 다시 두 가지 입장으로 생각해볼 수 있다. 첫 번째 이유는 단순하다. 익숙한 것이 편안하기 때문이다. 세상에 태어나서 처음으로 애착관계를 형성한 대상이 부모다. 그 애착대상과 분리될 때는 불안감을 느낀다. 이것을 분리불안이라고 한다. 과도한 분리불안은 자립을 지연시키거나 포기하게 하는 원인이 된다. 어떤 것이든 두려움과 혼란을 야기하는 변화보다는 머무르는 것이 훨씬 쉬운 선택이기 때문이다.

또 다른 이유는 부모의 입장이다. 분리불안을 경험하는 것은 부모도 마찬가지이다. 어쩌면 그들이 느끼는 불안이 더 강렬할지도 모른다. 영화 〈보이후드〉에서 이를 잘 보여주는 장면이 있다. 이 영화는 한 소년과 소년을 둘러싼 가족의 성장 과정을 잔잔하게 담고 있다. 어느 날 주인공 메이슨이 대학생이 되면서 독립을 하기 위해 짐을 싼다. 들뜬 마음으로 짐을 싸는 메이슨과는 달리 엄마의 표정은 좋지 않다. 짐정리를 거들다가 결국 의자에 주저앉은 엄마는 갑자기 울음을 터뜨리며 이렇게 말한다. "내 인생 최악의 날이야. 네가 이렇게 신나서 갈 줄은 몰랐다. 이젠 내 인생 끝이야. 장례식만 남아 있지…. 난 뭔가 더 있을 줄 알았어."

엄마의 허망함과 상실감이 느껴져 한순간 울컥하게 만드는 대사였다. 부모에게도 자녀와의 분리라는 건 이렇게 갑작스럽고 괴로운 일이다. 그래서 분리불안은 자녀의 입장만이 아닌 부모의 경험까지 이해할 필요가 있다.

발달심리학에서도 초기에는 자녀가 경험하는 분리불안의 측면만 연구했다. 그러다 1977년 원숭이들을 관찰하게 되면서 변화가 생긴다. 새끼로부터 떼어놓은 벵골산 어미원숭이들의 분리반응을 관찰한 것이다. 이때 분리시기 동안 어머니와 새끼 양쪽 모두 상호작용 능력이 파괴된다는 사실을 발견하였다. 이는 이전까지 아동의 불안심리에만 집중하던 것에서 양쪽 모두의 분리불안으로 초점을 확장시키는 계기가 되었다. 그리고 이후의 연구들을 통해 어머니의 높은 분리불안이 부모-자녀의 역기능적 관계에 기여해 아이의 개체화 과정을 방해한다는 사실을 알게 된다. 자신의 불안 때문에 아이의 응석을 지나치게 받아주고 자율성을 해칠 정도로 과잉보호 및 과잉염려를 하게 되는 것이다. 미국의 정신건강의학박사 레비 교수는 과도한 분리불안의 원인을 어머니의 양육 욕구로 설명한다. 양육과 애정을 주려는 욕구가 큰 어머니들은 아기가 자신의 접촉과 돌봄을 많이 필요로 한다고 해석하여 과도하게 밀착된 관계를 만들기 쉽다는 것이다. 즉, 어머니 자신의 욕구가 자녀의 성숙을 막는 결과를 낳을 수도 있다.

《잃어버린 시간을 찾아서》라는 대작을 쓴 작가 마르셀 프루스트는 어렸을 때 이미 이 같은 사실을 파악했다. 그의 어머니가 아들이 씩씩하게 자라서 독립하기보다는 자신에게 의존적인 상태로 남아 있기를 바란다는 것을 깨달았다. 프루스트는 마치 간호사와 환자의 관계처럼, 엄마에게 의존하고 보호받는 삶을 살았다고 고백했다. 그의 고백은 한국영화 한 편을 떠오르게 한다. 1997년도에 개봉했던 〈올가미〉라는 영화다. 이 영화는 아들에 대한 어머니의 극단적인 집착이 불러오는 처참한 결말을 보여준다. 엄마가 다 큰 아들의 몸을 씻겨주는 장면과 며느리를 질투하여 괴롭히는 장면은 비현실적이라 느껴질 수도 있지만, 개체화에 완전히 실패한 극단의 모습이라 할 수 있다.

이 같은 극단적인 상황이 아니더라도 어른이 된 우리는 때때로 부모님의 불안을 알아챈다. 어렸을 때는 그렇게 강해 보이던 부모님이 어느 순간 참으로 연약해 보이고, 우리가 보호해야 할 존재로 생각되는 때가 있다. 부모님이 서로 보호하고 위로해주는 역할을 한다면 안심할 수 있겠지만 한쪽에서 그렇게 하지 못하는 걸 볼 때는 더욱 불안하다. 그런 상황에서 우리의 독립이 그들에게 상실감을 안겨드릴 수 있다는 것은 충분히 짐작할 수 있다. 그래서 성인이 되어도 개체화를 차마 시도하지 못하는 것일지도 모른다.

＼　완전한 분리가 아닌 새로운 관계의 형성

하지만 분명히 명심해야 할 것이 있다. 첫 번째와 두 번째 개체화가 그렇듯이 세 번째 개체화도 완전한 단절을 의미하는 것이 아니다. 개체화individuation는 원래 '분리-개별화 separation-individuation'라는 용어로 사용되었지만, 완전한 분리가 아닌 연결과 분리의 상호작용이라는 관점에서 일부 연구자들이 '개체화'라는 용어로 변경했다. 즉, 단절이 아니라 부모와의 지지적이고 밀접한 관계 속에서 개체감을 확립하는 것이 핵심이다.

우리는 부모님에게서 완전히 떨어져나가는 것이 아니라 새로운 관계로 나아가는 것이다. 어려운 과제이지만 양쪽 모두에게 성숙의 발판이 되는 과정이다. 그것이 우선시될 때 비로소 배우자와 건강한 관계도 맺을 수 있다. 나아가 자녀였던 우리가 부모가 될 만큼 충분히 성숙해질 수 있을 것이다. 그만큼 중요한 과정이기에 그 안에서 느낀 불안은 이유 있는 성장통이 된다.

어린 시절 우리에게 부모님은 유일한 세상이었다. 그 세상 안에서 믿고 사랑하며 안전하게 지낼 수 있었다. 이제 자신이 믿던 세계가 한 번은 무너질 필요가 있다. 그로 인해 새로운 세계관이 생기기 때문이다. 그것은 자립, 또는 앞으로 더

긴 시간을 함께 꾸려갈 배우자와의 세계이기도 하다. 오랫동안 익숙했던 평화로운 세계를 한번 헐어버리는 것도 괜찮다. 스스로 하나씩 만들어가는 세계에서 자신의 진짜 힘을 느낄 수 있을 것이다. 마치 어렸을 때 엄마의 품에서 나와 두 발로 걸으며 자신의 힘을 깨달았던 것과 같다. 그리고 그때와 마찬가지로 부모님은 언제나 뒤에서 우리를 응원해주고 계실 것이다.

단행본

《가족사회학》, 조정문·장상희 지음, 아카넷, 2001

《가족의 두 얼굴》, 최광현 지음, 부키, 2012

《가족의 심리학》, 토니 험프리스 지음, 윤영삼 옮김, 다산북스, 2006

《가짜감정》, 김용태 지음, 덴스토리, 2014

《걱정 버리기 연습》, 브렌다 쇼샤나 지음, 김지영 옮김, 예문, 2014

《검은 고독 흰 고독》, 라인홀트 메스너 지음, 김영도 옮김, 필로소픽, 2013

《고독의 힘》, 원재훈 지음, 홍익출판사, 2015

《그들은 한 권의 책에서 시작되었다》, 정혜윤 지음, 푸른숲, 2008

《그리스인 조르바》, 니코스 카잔차키스 지음, 이윤기 옮김, 열린책들, 2009

《나는 더 이상 당신의 가족이 아니다》, 한기연 지음, 씨네21북스, 2012

《나는 아이 없이 살기로 했다》, 메건 다움 외 지음, 김수민 옮김, 현암사, 2016

《나는 왜 형제가 불편할까?》, 오카다 다카시 지음, 박재현 옮김, 더난출판사, 2016

《내면아이의 상처 치유하기》, 마거릿 폴 지음, 정은아 옮김, 소울메이트, 2013

《내 안의 어린아이》, 에리카 J. 초피크·마거릿 폴 지음, 이세진 옮김, 교양인, 2011

《너의 내면을 검색하라》, 차드 멩 탄 지음, 권오열 옮김, 이시형 감수, 알키, 2012

《누가 나를 쓸모없게 만드는가》, 이반 일리치 지음, 허택 옮김, 느린걸음, 2014

《당신의 그림자가 울고 있다》, 로버트 존슨 지음, 고혜경 옮김, 에코의서재, 2007

《데미안》, 헤르만 헤세 지음, 전영애 옮김, 민음사, 2000

《독서가 마음의 병을 치유한다》, 김정근·김경숙·김은엽 외 지음, 한울아카데미, 2009

《독이 되는 부모》, 수잔 포워드 지음, 지성학 외 2명 옮김, 푸른육아, 2008

《두려움》, 스리니바산 S. 필레이 지음, 김명주 옮김, 웅진지식하우스, 2011

《두려움의 재발견》, 로버트 마우어·미셸 기포드 지음, 원은주 옮김, 경향비피, 2016

《마음가면》, 브레네 브라운 지음, 안진이 옮김, 더퀘스트, 2016

《만 가지 행동》, 김형경 지음, 사람풍경, 2012

《몰입flow》, 미하이 칙센트미하이 지음, 최인수 옮김, 한울림, 2004

《몸을 쓉니다》, 플로랑스 비나이 지음, 박태신 옮김, 가지, 2017

《미움받을 용기》, 기시미 이치로·고가 후미타케 지음, 전경아 옮김, 김정운 감수, 인플루엔셜, 2014

《무력한 조력자》, 볼프강 슈미트바우어 지음, 채기화 옮김, 궁리출판, 2013

《밥벌이의 지겨움》, 김훈 지음, 생각의 나무, 2007

《변신》, 프란츠 카프카 지음, 이재황 옮김, 문학동네, 2005

《불안》, 알랭 드 보통 지음, 정영목 옮김, 이레, 2005

《사는 데 정답이 어딨어》, 대니얼 클라인 지음, 김현철 옮김, 더퀘스트, 2017

《사랑 예찬》, 알랭 바디우 지음, 조재룡 옮김, 길, 2010

《사랑의 기술》, 에리히 프롬 지음, 백문영 옮김, 혜원출판사, 1994

《사랑의 심리학》, 위르크 빌리 지음, 심희섭 옮김, 이끌리오, 2003

《사생활의 천재들》, 정혜윤 지음, 봄아필, 2013

《상처받은 내면아이 치유》, 존 브래드 쇼 지음, 오제은 옮김, 학지사, 2004

《세상 모든 행복》, 레오 보만스 엮음, 노지양 옮김, 서은국 감수, 흐름출판, 2012

《세상물정의 사회학》, 노명우 지음, 사계절, 2013

《센서티브》, 일자 샌드 지음, 김유미 옮김, 다산3.0, 2017

《성숙과정과 촉진적 환경》, 도널드 위니캇 지음, 이재훈 옮김, 한국심리치료연구소, 2000

《신화로 읽는 심리학》, 리스 그린·줄리엣 샤만버크 지음, 서경의 옮김, 유아이북스, 2016

《실존주의는 휴머니즘이다》, 장 폴 사르트르 지음, 박정태 옮김, 이학사, 2008

《심리상담과 치료의 이론과 실제》, 제럴드 코리 지음, 조현춘·조현재 옮김, 센게이지러닝, 2011

《심리학이 어린 시절을 말하다》, 우르술라 누버 지음, 김하락 옮김, 랜덤하우스코리아, 2010

《아들러 상담이론과 실제》, Thomas J. Sweeney 지음, 노안영 등 옮김, 학지사, 2005

《완벽주의의 함정》, 클라우스 베를레 지음, 박규호 옮김, 소담출판사, 2012

《어쩌다 한국인》, 허태균 지음, 중앙북스, 2015

《여덟 단어》, 박웅현 지음, 북하우스, 2013
《여자가 절대 포기하지 말아야 할 것들》, 박금선 지음, 갤리온, 2016
《여자의 심리학》, 배르벨 바르데츠키 지음, 강희진 옮김, 북폴리오, 2006
《위대한 개츠비》, F.S. 피츠제럴드 지음, 최일호 옮김, 홍신문화사, 1995
《이방인/페스트/시지프 신화》, 알베르 카뮈 지음, 이혜윤 옮김, 동서문화사, 2011
《인간 실격》, 다자이 오사무 지음, 김소영 옮김, 더클래식, 2013
《일이란 무엇인가》, 알 지니 지음, 공보경 옮김, 들녘, 2007
《자존감 수업》, 윤홍균 지음, 심플라이프, 2016
《장폴 사르트르》, 마틸드 라마디에 지음, 임미경 옮김, 작은길, 2016
《존 카밧진의 마음챙김명상》, 존 카밧진 지음, 김언조·고명선 옮김, 물푸레, 2013
《죽음의 수용소에서》, 빅터 프랭클 지음, 이시형 옮김, 청아출판사, 2005
《참을 수 없는 존재의 가벼움》, 밀란 쿤데라 지음, 이재룡 옮김, 민음사, 2011
《타인보다 더 민감한 사람》, 일레인 아론 지음, 노혜숙 옮김, 웅진지식하우스, 2017
《퇴사학교》, 장수한 지음, 알에이치코리아, 2016
《황야의 이리》, 헤르만 헤세 지음, 김누리 옮김, 민음사, 2002
《행복에 걸려 비틀거리다》, 대니얼 길버트 지음, 서은국·최인철·김미정 옮김, 김영사, 2006
《행복의 기원》, 서은국 지음, 21세기북스, 2014
《The Adolescent Passage》, Peter Blos., International Universities Press., 1979

논문

〈걱정의 구체성이 불안 및 인지적 평가에 미치는 영향〉, 박주현·이훈진, 인지행동치료, 2013
〈내면아이 치료와 주요 인물들과의 관계 재구성 경험의 해석학적 연구: 실존주의적 관점에서의 논의〉, 오제은, 상담학연구, 2009
〈대학생의 개체화 유형과 대인관계문제에 관한 연구〉, 조윤주·박장희, 인간발달연구, 2005
〈대학생의 인정욕구와 사회불안의 관계〉, 김나래·이기학, 한국심리학회지 상담

및 심리치료, 2016

〈어머니의 분리불안: 어머니의 특성, 아동의 초기 기질 및 과보호적 양육행동과의 관계〉, 소언주·도현심, 대한가정학회지, 2001

〈대학생의 자존감과 심리적 부적응의 관계〉, 김민정·이동귀, 한국심리학회지, 2008

〈사회부과적 완벽주의와 자살사고의 관계〉, 이은지·서영석·고은영·이소연·최바울, 한국심리학회지, 2013

〈Intolerance of uncertainty and social anxiety〉, Boelen, P. A., & Reijntes, A., Journal of Anxiety Disorders, 2009

〈Is self-criticism unique for depression?〉,Cox, B. J., Rector, N. A., Bagby, R., Swinson, R. P., Levitt, A. J., & Joffe, R. T., Journal of Affective Disorders, 2007

〈Negative life events, cognitive emotion regulation and emotional problems〉, Garnefski, N., Kraaij, V., & Spinhoven, P., Personality and Individual Differences, 2001

〈On the consumption of negative feeling〉, Eduardo B. Andrade, Joel B.Cohen, Jounal of Consumer Research, 2007

〈The destructiveness of perfectionism: Implication for the treatment of depression〉, Blatt, S. J., American Psychologist, 1995

〈Happiness is the frequency, not the intensity, of positive versus negative affect〉, Ed Diener, Ed Sandvik, William Pavot, Social Indicatior Research Series, 2009

〈Individuation in family relationships. Human Development〉, Grotevant, H. D., & Cooper, C. R., Human Development, 1986

〈Personality and perfectionism in chronic fatigue syndrome: A closer look〉, Deary, V., & Chalder, T., Psychology and Health, 2010

〈Some factors influencing the effects of a temporary mother-infant separation: Some experiments with rhesus monkeys.〉, Hinde, R.& McGinnis, L., Psychological Medicine, 1977

〈The concept of maternal overprotection〉, Levy, D., Parenthood: Its psychology and psychopathology, 1970

불안 이라는 위안

초판 1쇄 발행 2017년 9월 7일
초판 7쇄 발행 2022년 2월 28일

지은이 김혜령
펴낸이 권미경
편 집 이윤주
마케팅 심지훈
디자인 김은영
일러스트 재히

펴낸곳 (주)웨일북
등록 2015년 10월 12일 제2015-000316호
주소 서울시 마포구 월드컵북로4길 30, 202호
전화 02-322-7187   **팩스** 02-337-8187
메일 sea@whalebook.co.kr   **페이스북** facebook.com/whalebooks

ⓒ 김혜령, 2017
ISBN 979-11-88248-07-0 03180

소중한 원고를 보내주세요.
좋은 저자에게서 좋은 책이 나온다는 믿음으로,
항상 진심을 다해 구하겠습니다.

이 도서의 국립중앙도서관 출판예정도서목록(CIP)은 서지정보유통지원시스템 홈페이지
(http://seoji.nl.go.kr)와 국가자료공동목록시스템(http://www.nl.go.kr/kolisnet)에서 이용하실 수
있습니다.(CIP제어번호: CIP2017020629)